U0886875

新时期英语教学的实用方法研究

石 雨 著

中国商务出版社
CHINA COMMERCE AND TRADE PRESS

图书在版编目(CIP)数据

新时期英语教学的实用方法研究 / 石雨著. -- 北京:
中国商务出版社,2021.10 (2023.3重印)
ISBN 978-7-5103-4105-2

Ⅰ. ①新… Ⅱ. ①石… Ⅲ. ①英语-教学研究-高等
学校 Ⅳ. ①H319.3

中国版本图书馆 CIP 数据核字(2021)第 228594 号

新时期英语教学的实用方法研究

XINSHIQI YINGYU JIAOXUE DE SHIYONG FANGFA YANJIU

石 雨 著

出　　版: 中国商务出版社
地　　址: 北京市东城区安定门外大街东后巷 28 号邮编: 100710
责任部门: 教育事业部(010-64283818)
总 发 行: 中国商务出版社发行部(010-64283818)
网购零售: 中国商务出版社考培部(010-64515150)
责任编辑: 刘姝辰
网　　店: https://shop162373850.taobao.com/
邮　　箱: 347675974@ qq.com
开　　本: 700 毫米×1000 毫米　16 开
印　　张: 11　　字　　数: 201 千字
版　　次: 2021 年 10 月第 1 版　　印　　次: 2023 年 3 月第 2 次印刷
书　　号: ISBN 978-7-5103-4105-2
定　　价: 35.00 元

凡所购本版图书有印装质量问题, 请与本社总编室联系。(电话: 010-64212247)
版权所有盗权必究 (盗版侵权举报可发邮件到此邮箱: 1115086991@ qq.com 或致电: 010-64286917)

前言 PREFACE

随着全球经济一体化的不断发展，世界各国间的交往日益密切，英语作为国际通用语言，其社会地位越来越高，扮演的角色也越来越重要。自改革开放以来，中国致力于与世界其他各国建立友好关系，在这个过程中，英语架起了沟通的桥梁，其不断被人们认识与接受，当前中国英语学习者的队伍已经十分庞大。综观以往的英语教学，教育者对教学的重视程度很高，并且在教学中投入了大量的时间和精力，然而教学效果却不尽如人意，之所以出现这种情况，主要原因之一就是教学方法陈旧落后，存在诸多不恰当、不合理之处。为了改善英语教学效果，提高学习者的英语综合素质，从而进一步加深我国与其他国家的交往与合作，就必须探寻实用性的英语教学方法。

对于英语教学而言，能够在利用现有教学条件的基础上达到好的教学效果的方法就是实用的教学方法，由于教学环境、教学对象、教学目的等的差异性，实用英语教学方法也不是唯一的。在新的历史时期，各种各样的具有实用性的英语教学方法得到了蓬勃发展，如多元互动教学法、情境教学法、翻转课堂教学法、跨文化交际教学法等，不同的教学方法各有所长，将其合理应用于英语教学之中，不但能够提高学生英语学习的积极性与主动性，而且还使得学生英语的实际应用能力得到增强，这样培养出来的英语人才的社会竞争力也更强。

在英语广泛应用于各行各业的今天，英语教学显得格外重要，由此，越来越多的学者开始关注英语教学方法的革新，一系列英语教学方法的研究著作便在这种背景下产生了，《新时期英语教学的实用方法研究》就是其中之一。首先，本书介绍了英语教学的基本内容，包括理论基础、构成要素、一般原则，同时分析了新时期高校英语教学的转型；其次，对新时期任务型、互动式与生态化的英语教学方法加以研究，其中既涵盖了对各种教学方法一般层面的解读，也囊括了对诸如新时期任务型教学法在英语教学中的应用、互动式英语听说读写教学、英语生态教学模式的构建等深层次内容的剖析；再次，关注语言学理论对新时期英语教学的指导，分别探讨了基于系统功能语言学、认知语言学与应用语言学的英语教学，同时立足跨文化交际视角，对跨文化交际视角下英语教学的改革加以研究；最后，以互联网和移动学习平台为依托，对新时期英语教学方法的创新发展进行了分析，如基于翻转课堂的英语教学、依托微信平台的英语教学。

新时期的英语教学不仅注重对学生语言知识的传授，更强调对学生语言应用能力的培养，在各种实用性英语教学方法的辅助下，学生英语学习的动机得到了培养与激发，英语学习成效也得到了明显提高。本书对各种英语教学方法的翔实介绍与系统分析也正是为了能够对当前的英语教学实践有所指导，从而推动应用型英语人才的培养。

本书在撰写过程中得到了众多学者的支持和鼓励，同时参考和借鉴了有关专家、教研人员的研究成果，在此对其表示诚挚的感谢！由于时间紧促，加之作者对新时期英语教学方法的研究深度有限，书中难免存在疏漏和不足之处，诚望广大读者批评指正。

本书立足新时期对英语教学的实用方法进行了研究。介绍了英语教学的基本内容，包括理论基础、构成要素、一般原则，并分析了新时期高校英语教学的转型；对新时期任务型、互动式与生态化的英语教学方法加以研究，其中既涵盖了对各种教学方法一般层面的解读，也囊括了对诸如新时期任务型教学法在英语教学中的应用、英语生态教学模式的构建等深层次内容的剖析；关注语言学理论对新时期英语教学的指导，同时立足跨文化交际视角，对跨文化交际视角下英语教学的改革进行了探讨；以互联网和移动学习平台为依托，对新时期英语教学方法的创新发展加以研究。本书可供广大英语学习者与教学工作者使用，也可为英语教学方法的研究者提供借鉴。

目录 CONTENTS

第一章　英语教学概述

随着经济全球化趋势的不断增强，英语在人们日常生活中发挥的作用越来越重要。因此，在英语教学中，教师应当着力提高学生的英语知识水平，强化学生的英语应用能力。本章主要对英语教学的基础问题加以分析，如教学理论、教学构成因素、教学原则等，同时对新时期高校英语教学的转型做出研究，以期为当前英语教学的深入开展奠定基础。

第一节　英语教学的理论基础

一、建构主义理论

建构主义教育理念最早由皮亚杰（Piaget）明确提出，现在探讨建构主义教学观，有着现实的指导意义，需从理论层面对此进行深入探究和分析。以建构主义为探讨视角，它认为在现实世界中，纯粹的理论不能成为绝对正确的唯一标准，也不可能成为永恒不变和世界通用的标准规范和真理。因为世界本身处于不断发展的永恒变化中，此进程不以人的意志为转移，同时人们现有的认识能力和认知水平有限，无论从深度的角度分析，还是从广度的层面探讨，理论上是难以达到永恒正确的认识结果的。在这一变化过程中，人们不断地发展完善或重构自身的认识体系和自身的认识能力，最终构建出新的经验体系，并应用于认识的实践中，这与客观事物或现象单纯地映射在人的主观思维方面有着本质的区别。可以这样理解，客观存在是主观认识的必要前提，但主观认识的方式以及主观的感悟体会则具有多元化、多领域、多层面的经验折射。如果不能拥有自我适应性的认识能力，则会极大地影响认识的效果，甚至可能产生认知的扭曲。所以优秀的建构主义思想观，是人们认识世界的重要途径，有其尝试的必要性和研究的重要性。既然建构主义是认识社会的一种模式，或者可以理解为认识事物的一种方式，那么建构主义就可以应用于现有的学科教学中，这也是探讨英语教学实践方式的立论点之一。

建构主义学习理论的基本观点是，学习是学习者在自己原有经验、知识、技能、习惯等因素的基础上，所进行的主动、积极的意义建构过程。它强调学习者在学习过程中的自主建构、自主探究和自主发现，并要求将这种自主学习与基于情境的合作学习和基于问题解决的研究性学习结合起来。因此，有助于学习者的创新意识、创新思维、创新能力和合作精神的培养。建构主义学习理论还认为，学习者的知识是在一定情境下，借助于他人的帮助，如人与人之间的协作交流及必要的信息利用等，通过意义的建构而获得的。①

理想的英语学习环境应当包括情境、协作、交流和意义建构四个部分。学习环境中的情境必须有利于学习者对所学内容的意义建构。在英语教学设计中，创设有利于学习者建构意义的情境是最重要的环节，也是首要的环节。协作应该贯穿整个学习活动过程。教师与学生之间、学生与学生之间、小组与小组之间的协作，对学习资料的收集与分析、假设的提出与验证、学习进程的自我反馈和学习结果的评价，以及意义的最终建构都有十分重要的作用。交流是协作过程中最基本的方式或环节。比如，学习小组成员之间必须通过交流来商讨如何完成规定的学习任务，达到意义建构的目标；怎样更多地获得教师或他人的指导和帮助等。其实，协作学习的过程就是交流的过程，在这个过程中，每个学习者的想法都为整个学习群体所共享。交流对于推进每个学习者的学习进程，是至关重要的手段和方式。意义建构是教学过程的最终目标。其建构的意义是指事物的本质、规律以及事物之间的内在联系。在英语教学过程中，帮助学生建构意义就是要帮助其对当前学习的内容所反映的事物的本质、规律以及该事物与其他事物之间的内在联系达到较为深刻的理解与把握。

二、人本主义理论

罗杰斯（Rogers）在人本主义的“性善论”“潜在论”和“价值论”的基础上，多次明确提出了他的有关教育目标的观点。他认为，教育应该把学生培养成富有灵活性、适应性和创造性的人，教育应该注重具有主动性、独立性和

① 赵向东，李文平. 教与学方式的变革——自主—互助教学模式探索［M］. 北京：现代教育出版社，2013：426.

创造性的人。[①] 概括地说，教育所培养出来的人应该是个性充分发展的，这种人具有主动性和责任感，具有灵活地适应变化的能力，是自主发展的人，能够实现自我价值的人。人本主义教学理论秉承马斯洛（Maslow）的人的“自我实现”理论，把教育的宗旨定位在：教育要真正关照人的终极成长，促进人的“自我实现”，培养“完整人格”，而非受教者成绩提高之类的短期目标。因此，人本主义始终关注的是人的整体发展，尤其是人的“内心生活”的丰富和发展，即人的情感、精神和价值观念的发展。人本主义教学论的教育目标应是促进“整体的人”的学习与变化，其价值追求是“完整人格”，培养独特而完整的人格，使之能充分发挥作用。为此，作为培养人才的专门机构的学校，其人才培养的目标应当是：能从事自发的活动并对这些活动负责的人，能理智地选择和制定方向的人，能获得有关解决问题知识的人，能灵活地与理智地适应新的问题情境的人，能自由地和创造性地运用所有有关经验灵活处理各种问题的人，能在各种活动中有效地与他人合作的人。

人人都有自我实现的成长倾向和需要，所以，人不仅要维持自己的现状，还要发展自己。每个学生都具备解决自身问题的能力和动机。教师的任务是创造一种恰当的教育气氛，采用有效方法去调动学生天性中解决自身问题的动机和能力，帮助他们重新发现自己，评价自己，认识自己，认识自己内在的成长潜能，以此消除其“自我概念”上的不协调及其所造成的心理障碍。人本主义教育思想提倡给学生以无条件的积极关注，提倡从一开始就创造并维持一种没有威胁感的可以降低焦虑的安全气氛，提倡教育中的“非指导性”。只有这样，才能有效地帮助学生勇敢地面对自己的“自我概念”的不和谐，自由地表达自己既未被歪曲也未被否定的真实的生活体验，并进而对自己的成长负起责任。

罗杰斯将心理咨询的方法移植到教学中，提出了非指导性的教学模式。他极力批判传统教学将教师和书本置于教学活动核心位置的做法，认为这种方式只能使学生成为“奴隶”。具体到英语教学中，教学活动应把学生放在居中的位置，把学生的“自我”看作英语教学的根本要求，所有的教学活动不仅服从“自我”的需要，而且也要围绕着“自我”进行。

---

① 袁本钊，崔艳娜，吴健，等．“教师助导，四轮驱动”教学模式的探索与实践［M］．青岛：中国海洋大学出版社，2015：13.

三、语言学理论

（一）结构主义语言学

1. 美国的结构主义语言学

美国结构主义语言学家的研究工作是从研究没有文字的美洲印第安人的口头语言开始的。他们用语言符号（如国际音标）把印第安人口头讲的话如实记录下来，然后对收集到的口语样本进行不同层面的分析，研究它们的结构和特征。其后，美国结构主义语言学家又运用他们在实践中建立起来的“描写”方法去研究英语和其他印欧系语言。语言可看作一个把意义编成语码的系统，这个系统由结构相关的成分组成，这些成分是音位、词素、单词、结构和句型。一个语言系统包括它的音位系统、词素系统和句法系统。由于语言差异性的存在，学习者在学习外语时，母语会干扰和影响外语的学习。当外语的结构和母语的结构不同时，学习困难和错误就会出现，学习外语主要就是要克服这种困难。而如果母语和外语有相同的结构，学习上就不会出现困难，对于相同的结构，教学中不用教授，只要让学生接触语言就可以了。因此，在英语教学中，应集中力量去解决两种语言结构上的差异问题。为了预测学习英语会碰到的困难和问题，可通过对比分析去比较母语与英语在结构层面上的异同。

2. 英国的结构主义语言学

对语言结构特别是句型结构的研究，英国的语言学家们做了大量的工作并取得了卓越的成效和显著的成果。英国著名的语言学家帕尔默（Palmer）、霍恩比（Hornby）和其他学者从 20 世纪 20 年代开始共同分析、总结主要的英语语法结构，把英语语法结构归纳成一定的句型。英国语言学家对英语句型的详尽描述和解释为人们了解英语的内在结构提供了大量资料，也为英语教师在英语教学中进行语法教学和句型教学尤其是句型转换提供了依据。如果说美国结构主义语言学家在研究语言时特别注意语言之间的差异、主张使用对比分析去预测在外语学习时会出现的困难的话，那么英国结构主义语言学家在研究英语结构时特别注意的是语言结构和结构使用情景之间的关系。

（二）认知语言学

在很大程度上，认知语言学的兴起是源自对形式语言学，尤其是生成语言学的局限性的不满。生成语言学的主要任务之一是推断人类语言所共有的原则和参数。然而，事实证明，探索这种原则非常困难，现有发现只不过是少数几句非常有限的关于语言特征的陈述。根据《牛津认知语言学手册》，认知语言学研究的是语言的认知功能，这里，“认知”是指在人们与世界的接触中，处于中介地位的信息结构所起到的关键性作用。从认知角度而言，认知语言学和认知心理学具有相似之处，均假设人们与世界的交往是在大脑中的信息结构的调解下进行的。不同之处在于，认知语言学比认知心理学更为具体，其研究的焦点是自然语言是如何作为一项工具来组织、加工和传递信息的。因此，语言被视为世界知识的存储器，它将各种具有意义的范畴按照一定的结构存储在一起，可以帮助人们处理新的体验，并存储关于以往体验的信息。

认知语言学否认语言习得机制的存在，认为理解和产出语言所应用的认知能力与执行其他任务时应用的认知能力没有本质上的区别，这些能力包括比较、分类、模型探索和混合等。语言知识和学习是以使用为基础的。人们从每天接触到的语言输入中做出关于形式和意义的关系、典型模式和认知图示的判断，并不断地对心理词汇做出调整。在理解交际者的交际意图时，除了关注他们所说出的词语外，人们还需要借助关于所谈论话题的一般性知识以及对交际者所要表达的意义的期待。换句话说，人们听到或阅读到的词语所起的作用仅仅是诱发一系列的认知过程，在这些认知过程中，人们需要借助百科知识来填补剩余缺失的信息。

（三）二语习得理论

20 世纪 60 年代末，二语习得理论作为一门学科诞生。与其他学科相比，二语习得研究属于一个新的领域，该理论的主要派别可以分为三大类：先天论、环境论以及相互作用论。二语习得理论涉及三大领域：学习者内部因素研究、学习者外部因素研究、中介语研究。二语习得理论是在认知科学的理论上建立起来的。从认知科学出发，二语习得是人类先天存在的语言习得机制。克拉申（Krashen）提出的二语习得理论的核心是：习得—学得假说、自然顺序假说、监控假说、输入假说、情感过滤假说。①

1. 习得—学得假说

习得是指学习者无意识地、自然地、不自觉地学习语言的过程，学习者通过习得能获得语言知识和语言能力。学得是指学习者有意识地、正式地、自觉地学习语言的过程，学习者通过学得能获得语言规则。

---

① 张萍，张君. 外语教学法流派理论与实践［M］. 沈阳：辽宁人民出版社，2017：21.

2. 自然顺序假说

克拉申提出了自然顺序假说，说明习得语言结构是有一定次序的。该假设认为，一种语言的语法规则或结构是依据特定的、可预知的顺序而习得的。在第二语言（外语）学习中，这一情况也是适用的。在把英语作为第二语言学习的过程中，人们对进行时的掌握通常都比对过去时的掌握要早，对名词复数的掌握要比对名词所有格的掌握要早。但是，教育者在制订教学大纲时无须将自然顺序假说作为依据。实际上，如果外语教学的目的是使学生习得某种语言能力，那么教学的实施可不必依据任何语法顺序来进行。

3. 监控假说

克拉申的监控假说将习得与学得在二语能力发展中的作用区分开来。前者用于语言输出，培养学习者的语感，在交际中说出流利的语言；后者用于语言监控，即监控学习者的语言输出过程，以检测在交际中学习者是否运用了准确的语言。学得的监控作用有限，其监控受以下条件的限制。

（1）具备足够多的时间。

（2）对语言形式而不是语言意义进行关注。

（3）对语言规则有大致的了解。

基于这些条件，根据监控力度的不同可将学习者分为三种类型：一是监控过度的学习者；二是监控不足的学习者；三是监控合理的学习者。

4. 输入假说

学习者要想获得可理解性输入，其输入不能太难，也不能太简单。可理解性输入的公式为：i+1。其中，i 代表学习者现有的语言能力，1 代表略高于现有语言能力的信息。输入假说的内容主要包括以下几点。

（1）与习得有关，与学得无关。

（2）学习者要习得第二语言，必须先掌握略高于现有语言水平的语言规则。

（3）当进行理解输入时，i+1 模式会自动包含在内。

（4）语言能力是自然形成的，并非通过教育所得。

5. 情感过滤假说

情感过滤假说是将情感因素纳入第二语言习得的过程中，情感变量会对第二语言习得产生一定的影响，这些情感变量有学习动机、自尊心、自信心、焦虑感等。

四、教育学理论

教育学历史悠久，它关切的是教育知识问题、教育现象问题的研究、教育相关问题的研究探讨、教育规律的把握等多个问题。外语教学在成为一门学科之前就是教育学的重要组成部分，英语教学同样属于教育的范畴。英语教学的开展离不开教育学的原理、方法等的理论指导。

教育学中的教学论和英语教学有着非常密切关系。总的来讲，教育学中的教学论是一般性的教学理论，英语教学是教学论的发展细化，英语教学的开展也是教学论在现实教育工作中的实际运用。作为英语教师，必须学会运用教育学的理论指导自己的教育实践活动。

教育学中的很多教学原则和方法都在不同程度上指导着英语教学。教学的一般原则，大致有科学性原则、直观性原则、系统性原则、巩固性原则、思想性原则、自觉性原则等。教学的一般方法，大致有归纳法、启发法、演绎法等。

另外，教育学中的教育目的决定了英语教学的方向，教育方针引导着英语教学的方式，人才培养目标也决定了英语教学的内容，教育学中的很多其他因素也影响着英语教学的课程设置、教学方法等。

第二节 英语教学的主要构成因素

一、教师

教师是教学活动的组织者，也是影响教学效果的最重要的因素之一。教师在充分发挥其主导作用的同时，要清醒地意识到教师这一角色应在教学过程中发挥怎样的作用。这里所说的教师的角色，就是指教师在教学过程中的职责以及教师的职业特征。在传统的教学中，教师扮演的角色主要是知识的传授者、教学的主宰者。但是随着教学理念的转变，教师的角色亦发生了改变。在新时期的英语教学中，教师主要扮演着以下角色。

1. 知识的传授者

教师作为知识的传授者，主要是指教师扮演着知识的传递者和信息源的角色。在英语教学中，教师不但要传授英语语言知识、学习策略和方法，还要传授做人的道理。

2. 资源的提供者

教师是活动的资源中心，可以向学生提供英语教学活动所需的背景知识、答案、范例、机会等，时刻准备着帮助学生，使其获取更大的进步，促进学生的身心健康和全面发展。

3. 活动的组织者

英语教学活动的成功与否主要取决于组织。教师作为活动的组织者，主要应使学生明白自己要干什么。为此，教师要将英语教学任务清楚地告诉学生，使其明白自己的活动任务，知道如何开展活动以及活动结束后如何组织评价反馈等。

4. 活动的促进者

主要是指学生在发言、回答问题、完成任务等学习过程中遇到困难时，教师应提供有帮助的信息或提示新旧知识之间的联系线索，使学生把当前学习内容与已掌握的知识经验联系起来，帮助学生构建新的知识经验体系。

5. 活动的参与者

教师在组织学生执行课堂活动时，要把自己当成学生中的一员，参与他们的活动。这样既可活跃课堂气氛，增进师生感情，又可帮助学生解决难题，还可从学生那里学到很多自己想不到的好点子，从而促进英语教学质量的提高。

6. 行为的评价者

这主要是指教师要纠正学生所犯的错误并组织反馈。教师纠正错误的方式应该是温和的，切忌小题大做；组织反馈是评价学生行为的有效方式，可以以此判断学生是否掌握了英语学习的方法。

7. 激励者

激励者是教师在以学生为中心的教学中扮演的角色。在以学生为中心的教学中，教师将课堂的控制权基本上移交给学生，自己则负责引导、鼓励和促进学生学习。激励者这一角色要求教师必须具备广博的知识以及说服、激励学生的能力。

8. 研究者

每一位教师要真正扮演教师与研究者的双重角色，除了必须具备一定的教育科研能力，还要明确自己的研究方向、研究责任，不断发现问题并解决问题，将教学与科学研究结合起来，从而完成自己的教育教学并促进教学研究和教学实践的发展。

二、学生

英语教学应面向全体学生，为学生全面和终身发展奠定基础，以学生学习方式为核心，强调对学生学习愿望、学习习惯和学习能力的培养，倡导学生培养积极主动的学习方式，关注学生自我评价、评价激励、反馈和调整功能。教学中学生所扮演的角色主要有如下几个。

1. 主人

学生是英语学习的主体，也是英语教学活动的主体。学生对知识的探索、发现、吸收和内化等实践，不仅有助于学生逐步构建自己的知识体系，而且有助于学生形成科学的世界观、人生观和价值观。

2. 参与者

教师在英语教学中应激发学生的学习兴趣，激发学生的参与积极性，让学生乐在其中。在学习过程中，学生应充分思考，积极参与，表达观点，展示个人才能，保持浓厚的学习热情。

3. 合作者

英语学习是在师生、生生之间进行的，学习过程也是团队合作的过程。学生在学习中互相学习，彼此促进，共同提高。协商与互助使每个人都能感受到集体的力量和团队合作的精神。

4. 反馈者

在英语教学中，学生会根据自身的学习经历以及教学法的适用性向教师提出建议，协助教师改进相关问题和完善教学内容和教学方法，以此促进英语教学。

三、教学内容

教学内容是指在教学活动中为实现教学目标，师生共同作用的知识、思想、观点、概念、原理、事实、技能、技巧、问题、行为习惯的总和。教学内容是学生认识和掌握的主要对象，是教师和学生进行教学活动的重要依据。没有教学内容，教学活动就无法进行。根据教育目标，选择并确定教学内容，研制课程计划、课程标准，编制教科书，在教学过程中发挥师生的主动性，活化教学内容并使学生有效掌握，是保证高质量人才培养的重要前提。可见，教学内容也是影响英语教学效果的重要因素。归纳起来，英语教学的内容主要包括以下几个方面。

（一）语言知识

语言知识是综合英语运用能力的有机组成部分，也是语言学习和语言运用的重要内容之一。没有扎实的语言知识作为基础，就不可能掌握较强的语言能力。例如，大学英语教育阶段的学生应该学习和掌握的英语基础知识包括语音、词汇、语法、功能和话题等内容。这五个方面的内容密切联系、不可分割。语音、词汇和语法（语言形式）体现在一定的话题中。学生在运用语言时，除了要具有话题知识，还应掌握语言形式在一定话题中所具有的功能。只有当他们既掌握语音、词汇和语法，又具备语言功能和话题方面的知识时，才能正确、得体地运用语言进行交流和沟通。

（二）语言技能

学生在学习和运用语言时必备的四项基本语言技能是听、说、读、写。这四项基本语言技能是学生形成综合语言运用能力的重要基础和重要手段。英语教学内容必须包括听、说、读、写四个方面的语言技能及综合运用能力，为学生提供体验语言和感知语言的机会，促进学生更加熟练地掌握语言知识。在这四项基本技能中，听是分辨、理解话语的能力；说是运用口语表达思想的能力，也是运用口语输出信息的能力；读是辨认、理解书面语言的能力；写是运用书面语表达思想的能力，也是运用书面语输出信息的能力。通过大量听、说、读、写的专项和综合性语言实践活动，学生可以形成这四种技能的综合运用能力，为真实的语言交际奠定基础。

四、教学环境

环境因素对英语教学有着重要影响，英语教学的有效实施需要社会以及学校等各方面的积极配合。

（一）社会环境

社会环境主要指经济发展状况、科学技术水平、人文精神、社会群体等对英语学习的态度以及社会对英语的需求程度等。社会因素是影响和制约英语教学的重要因素。英语教学中大纲的制订以及课程标准的设置都需要以符合社会对于英语人才的需求等为依据。社会环境因素对英语教学具有导向作用，是英语教学向前发展的动力。

（二）学校环境

学校环境主要涉及班级的大小、教学设施、教学信息、教学资料、英语课外活动、校风班风和师生人际关系等。学校是为学生提供学习场所和学习手段的最佳环境，它对英语教学的影响更直接。学校的教学质量、管理水平以及各项硬件设施的完善与否对英语教学的成败起着关键性作用。

第三节　英语教学的一般原则

一、以学生为中心原则

学生是教学活动的主体和内在因素，教师要想充分激发学生的主观能动性，提高英语教学质量，就必须要以学生为中心。所谓的以学生为中心，指的是在教学过程中从学生的实际情况出发设计和组织教学活动，进而培养学生的交际能力。在英语教学中，教师的指导作用不容忽视，但是充分调动学生的积极性才是教学质量有效提高的保证。以学生为中心需要教师在教学中为学生的学习创造条件。教师的教必须建立在学生学的基础上，教师的教要以学生的学为依据。教师在教学中的所有活动都必须考虑学生的心理和需要，根据学生的反应来调节自己的教学活动。具体来说，教师需要做到以下几点。

（一）培养学生成为独立的语言学习者

有限的课堂教学只能传授有限的知识，况且语言学习又有其特殊性，即连贯性，一旦不接触或不使用所学语言，就有可能前功尽弃。这也是学生对英语教学兴趣不高的一个原因。即使再用功的学生，如果仅老老实实地完成教师布置的作业，并按部就班地温习课本的话，那么，通过考试后不久，就有可能把课堂上所学的那些语言知识忘记过半。英语学习归根结底是学生自身独立的学习。英语教学的目的不仅是向学生传授语言知识，更重要的是使他们成为独立的语言学习者，培养学生使用所学语言的能力，并向学生传授适用的语言学习方法，提高他们的语言自学意识和能力。

（二）在备课和教学活动中突出学生的中心地位

首先，备课是教师教学的重要环节，教师可以通过备课了解学生，通过学生在课堂上的表现、测试成绩等了解其学习状况，这些情况的了解都有利于教师根据学生的学习水平、接受能力、学习风格以及学习态度等来设计英语教学实践活动。教师在备课中应尽量设计一些开放性较强的任务，这样可以促使所有学生都参与进来，使学生真正成为学习的主体。其次，教师要根据学生的特点、知识结构、学习兴趣等内容进行形式多样的英语教学活动设计。学生的性格不同，性格开朗外向的学生往往善于表现自己，因此其对教学活动的参与度就高；而那些性格比较内向的学生不善言谈，羞于表达自己，因此对于教学活动的参与度则低。这样的情况就要求教师在尊重学生差异性的基础上，设计一些能够使所有学生都可以参与的英语教学活动。同时，教学活动的设计必须能够激发学生的参与积极性，且能够保证学生的全面参与。

二、循序渐进原则

英语教学中的循序渐进原则包括以下三层含义。

一是学生在学习语言时应从口语开始，然后逐渐过渡到书面语。首先，英语包括口语和书面语两种形式，从语言发展的历史来看，先有口语后有书面语。因此，学生学习英语应从听说（口语）开始，逐渐过渡到读写。其次，口语词汇比较常用，句子结构简单，比书面语更容易学习，因而也容易激发学生的积极性与自信心。最后，通过口语的学习学生可以尽快地获得日常生活所需的交际技能，有利于学用结合，使教学生动活泼。因此，学生学习英语应从听说（口语）开始，逐渐过渡到读写。

二是在听、说、读、写等语言技能的培养上，应该首先侧重听说能力的培养，逐渐过渡到读写技能的培养。听说读写是英语的四项基本技能，应该全面发展，但是，由于中国的大部分学生缺少英语的语言环境，听便成了他们获取英语知识和纯正优美的语音语调的唯一途径。另外，听说教学还能使学生学到基本的词汇和基本的句子结构，从而为读写能力的培养奠定基础。因此，在英语学习的初级阶段，教师应加强“听、说”的教学，每节课都要尽可能地为学生创造良好的语言环境，让学生在充足的“听”的练习中学习英语，并通过师生之间和同学之间的语言交流，不断巩固、不断更正、灵活运用所学的英语知识。在培养听说能力的基础上，循序渐进地向“读、写”教学过渡。

三是英语能力的提高不是一次性完成的，而必须要循环往复，逐步深化，是一个螺旋式发展的过程，需要进行多次的循环。但这种循环不是单纯的重复，每一次重复都是以旧带新，从已知到未知，都在前一次学习的基础上在深度和难度上有所提高。因此，教学的各个部分以及前后课之间应该紧密联系，使得前面所教的内容为后面的内容拟订基础，而后面所教的内容也得复习前面所学的内容。换句话说，教师应该注意从学生已有的语言知识和已经熟悉的语言技能出发，讲授新知识，培养新的技能。

三、互动性原则

互动是指两个或两个以上参与者彼此交流思想感情，参与者之间必须有信息沟（information gap），必须有交流的要求，必须有统一的交流目的，这样，互动才会发生。英语教学中的互动与教师、学生及教材有关。这不仅是师生双主体之间的互动（如教师问、学生答）、学生之间的互动（如角色表演、小组活动、全班辩论等），而且还是主体与客体，即教师、学生与教材之间的互动。因为师生都是教材的读者，教师在备课、讲课时将教材所承载的信息语码破译并传达给学生，学生无论在课前预习、课中听讲，还是课后复习中都需要理解教材、学习教材的内容，并将教学内容运用于实践，这同样是一个读者与教材的互动过程。

语言学习是一个开放的过程，这个过程不允许学生做旁观者，它要求学生积极参与。教学是教师、学生、教学内容三者之间的互动过程，且互动不是复制性、机械性的，而是一种生产性、创建性的。教师在教学过程中，必须从传统的“独奏者”的角色过渡到“伴奏者”的角色，将传统的“教师独白”式的教学改变为“师生、生生对话与互动”的教学模式，创造轻松、自由、愉快、和谐的环境，激发学生的表现力和创造力，给学生提供更多的互动机会，培养学生的独立性、自主性和开放性。

体现互动性最好的方式是开展英语教学活动。活动中的“活”指活化或激活，行为行动，活动就是先活化后行动。活动的方式多样，如同桌的、小组的、全班的；活动的种类繁多，如对话、游戏、角色表演等，英语教师可以视学生及教学的具体情况选择活动。

无论选择何种活动，都必须做到：（1）活动的内容与教学内容相关；（2）活动的结果与教学目的一致。由教师、学生、教材三者的互动关系看，教材是师生互动的“文本”，即认识和实践的“客体”，教师与学生两个主体必须共同以教材为客体进行互动，师生通过教学“文本”进行协商与对话、倾听与表达、交流与探索，教材是师生互动的源泉和动力。因此，师生之间必须受制于教材，脱离教学内容的教学互动对教学无益。此外，教学目的是一切教学互动的指挥棒，互动不是无预设目标、无内外制约的天马行空式的互动。在教学过程中，切忌单纯为活跃课堂气氛而进行虽妙趣横生但毫无意义的教学活动，这是盲目的互动。

事实上，在正常的英语教学活动中，师生在宽松、愉悦、兴奋、共鸣的氛围里经常自然地开展以英语为媒介的有内容的、有目的的互动式交流，再加上课余时间，其他以英语为媒介的有内容的各种形式的交往活动，不仅能给学生营造和提供具体的、经常的英语交流实践机会，使学生得到经常性的锻炼；更重要的是能在师生、学生之间形成一种无形的语言“场”和“势”，这种“场”和“势”就是学生英语学习的推动力。

四、灵活性原则

语言处于不断变化发展的过程中，是一个充满活力的开放性系统。因此，英语教学也要遵循灵活性原则。

（一）教师的教学方法要有灵活性

英语教师在讲授语音、词汇、语法等语言知识和培养听、说、读、写等语言技能时要具体问题具体分析，根据不同内容要采取不同的教学方法。

（二）学生的学习方法要有灵活性

在英语教学中，教师需要积极探索符合学生学习规律和心理、生理特点的自主学习模式，从而帮助学生提高自主学习能力，使学生进行自我激励和监控，从而提高语言技能。

（三）语言使用要有灵活性

学习语言的最终目的是交流沟通。教师要通过自身灵活使用英语带动学生也使用英语。在课堂教学中，教师应尽可能多地用英语组织教学，使学生感到他们所学的英语是活的语言。此外，教师还可以通过布置灵活性的作业为学生提供使用英语的机会。

五、发展性原则

所谓发展性原则，是指确保所有学生的智力因素与非智力因素都得到应有的发展。这不仅应体现在教学工作的初始阶段，而且也应体现在教学工作的结束阶段，是衡量教学效果的一项重要标准。

英语教学过程不仅是学生的认知、学生的英语技能、学生的学习情感交互的过程，也是整个生命体的活动过程。因此，学生的发展可以视为一个生命体的成长过程，并且这一过程具有和谐性、多样性以及统一性的特点。要实现这一目标，需要做到如下三点：

（1）教师要对每位学生的成长予以关注，确保所有学生能得到发展。

（2）充分挖掘课堂存在的智力和非智力资源，合理、有机地实施英语教学，使之成为促进学生发展的有利资源。

（3）为学生设计一些对智慧和意志有挑战性的教学情境，激发他们的探索和实践精神，使英语教学充满激情和生命气息。

思辨能力属于学生人文素养提升的重要组成部分，对于学生的整体素质发展有着重要的影响作用。在英语教学的过程中，教师需要遵循发展性原则，使学生的能力与素养得到切实提高。

六、综合性原则

（一）教学法的综合

在英语教学的发展史中，各种教学法层出不穷，在不同的时期各领风骚、尽显风采。每种教学方法都是一定历史背景和社会环境下的产物，都建立在前人的基础之上，比先前的教学法有所改进、创新，但是，任何一种教学法都有自己的优势与局限，即使是大受攻击的语法翻译法，对于帮助学生掌握语言知识也并非一无是处；而目前在国内备受推崇的交际法，却因为缺乏一个系统的教学框架而导致其在教学运用中有所偏差。国内普遍出现一种重口头、轻读写，重活动、轻效果的状况，使交际能力的培养成为无源之水。因此，英语教学决不能生搬硬套某一教学法，必须立足于教学实际（包括特定的教学目的、教学内容、教学对象、教学条件等），充分发挥教师的主动性和创造性，吸纳各家之长，并将之灵活运用到教学实践中，这就是教学法的综合。

（二）课内与课外的综合

英语教学的主要形式是课堂教学。在课堂上，通过教师讲解、学生讨论等一系列教学活动，学生可学到知识。课堂教学通常是正规的、有计划的、有组织的，但语言学习是一个复杂的过程，需要的时间较长，训练量较大，不可能一蹴而就，必须持之以恒。而英语课堂教学时间有限，单靠课内来消化、吸收全部语言知识，显然十分困难。因此，课内教学必须有课外教学作为延伸与补充，教师可以针对英语教学内容，布置一些课外练习、开展一些课外活动，也可以针对不同教学对象的特点，给予一对一的课外辅导，这样学生可进一步深化对课堂教学内容的理解，增加英语语言实践的机会，提高在真实语境中运用英语进行交际的能力。既然课外教学不是可有可无的，而是教学的一个必要组成部分，教师就必须像对待课内教学一样对待课外教学，要有计划、有组织，使学生真正从中获益，不能让其放任自流。

七、合理使用母语原则

在英语教学中，教师应当提倡学生多说英语、多用英语，但这并不意味着不能使用母语。在英语课堂上可以合理使用母语，利用母语优势帮助学生理解学习过程中的难点，这对提高教学效果有利无害。

第一，利用母语的优势。教师在英语教学中要学会利用母语的优势，借助汉语对一些词义抽象的单词和复杂的句子加以解释。英语学习是在学生已经熟练掌握母语之后进行的学习实践，学生在英语学习之前对时间、地点以及空间等概念已经形成，已学会了表达这些概念的语言手段，况且英汉两种语言在结构和使用方面也存在许多差异，这些语言文化差异往往会造成学习英语的障碍。因此，利用母语的解释可以帮助学生更快、更好地学习和掌握英语的某些概念。适当地使用母语进行教学，有助于学生理解母语和英语之间的差异，了解英语结构和规则的特点，有助于师生之间的顺利沟通和深化对语言差异的理解和消化，从而提高学习效果。

第二，避免母语的干扰。母语交际先于英语第二语言的学习且已基本上被学生熟练掌握。英语的学习是个相当复杂的过程，母语的使用习惯可能会给英语学习带来障碍。在学习英语的过程中适当使用母语，用母语简单讲授英、汉两种语言在某一结构、某一用法上的差异和特点是可以的。但对母语优势的利用一定要掌握一个“度”，避免将母语的使用规则迁移到英语的使用上。如果过多地或一味地使用母语，会在很大程度上给英语的学习带来不利。

在英语教学里利用和控制使用母语，要注意以下几个方面：

(1) 目前而言，科学的发展，教学方法的改进和现代教学手段的运用，多用母语作为教学手段的效果日益减弱且劣势日益明显。英语教师结合现代化教学设备，运用更加直观的教学手段有更大的创造空间。

(2) 在英语教学中，学生对所学英语词句的理解是相对的。理解包括知道这些语言现象以及隐藏在现象背后的本质。在初始阶段，没有必要引导学生过分追求本质，这主要是由于英语的很多用法是习惯问题，很多情况用逻辑推理不通。例如，“看电影”用 to see a film，而“看电视”则说 to watch television。

(3) 在英语教学中，教师应控制使用母语，尽量用英语上课。要充分考虑教师运用英语的能力、学生的理解能力和接受效果，教师尽量用教过的英语讲话，也可借助图画、实物、表情、手势等直观手段，也可以将关键词写在黑板上，使师生的交际能力在课堂教学中得到有效的提高。

总之，英语教学的过程要成为有意识地控制使用母语和有目的地以英语作为语言交际工具和媒介的过程，坚持合理使用母语原则才能更有效地优化教学效果。

第四节　新时期高校英语教学的转型

一、新时期高校英语教学转型的必要性

（一）当前的高校英语教学存在一些亟待解决的问题

改革开放至今，高校英语教学的总体水平显著提升，获得的成就有目共睹。但是，在快速发展的同时，高校英语教学依然存在一些问题。

第一，教师教学观念陈旧，过分重视语言知识的传授。近年来，外语教学理论研究强调“以学生为中心”，努力寻找各种新型的教学模式和教学手段。但是，许多教师并没有从根本上改变“以教师为中心”的传统教学观念，虽然使用新的教学手段组织课堂教学，可仍然保留着“填鸭式”教学模式，对课文进行逐字逐句地讲解，力图把每个单词和语言点都解释清楚，甚至沿用语法翻译法。学生依然被当作是知识灌输的“容器”，被动地接受教师传授的语言知识，实践机会不多。在课堂上，师生之间的交流方式比较单一，主要表现为师生之间的一问一答；课堂讨论流于形式。究其原因：一是教师课堂教学组织能力不足；二是学生语言知识欠缺，语言表达能力较差，且不敢开口。在这样的教学情境下，学生主观能动性得不到充分发挥，语言创造性难以提升。

第二，重视教学的工具价值。首先，教育部在 1987 年、1989 年分别开始推行高校英语四级、六级考试，以此来考察教学大纲的执行情况，四、六级考试开始对我国高校英语教学产生影响，并逐渐成为衡量各校英语教学水平的标杆。不少学校明文规定，通过高校英语四级考试，本科生才能获得学位证书甚至是毕业证书。其次，在招聘高校毕业生时，社会用人单位将四、六级证书作为人才招聘的重要参考指标，因此四、六级证书成为毕业生应聘成功的重要法宝之一。最后，教育部对高校教学质量的考评标准之一就是毕业生就业率，而四、六级证书对其有一定影响，所以很多高校十分重视高校英语教学，将四、

六级考试通过率作为衡量高校英语教师教学质量的重要参考标准，并出台相应的奖励津贴，以提高学生的四、六级通过率。综上，高校英语教学活动主要围绕以提高学生四、六级考试成绩为目标展开，致使高校英语教学成了“过级教育”。受此影响，许多学生也将大量时间放在了应付英语四、六级考试上，人文素养与人文精神的培养则无从谈起。

第三，教学内容与教学方法不尽合理。大学生已掌握一定的词汇量和语法知识，但是词汇、语法、阅读、写作依然是高校英语教学的主要内容，这导致学生学习兴趣不高。另外，教师采用的教学方法仍为传统“翻译教学法”，只是形式上运用现代教育手段，而内容上还主要是以讲解教材中单词和短语的意义、文中句子和段落的理解以及基本阅读技巧。

听、说能力是多数大学生的弱项。虽然大部分高校每周都开设有一至两个学时的视听说课程，但是想要通过有限的课时来提高学生的听说水平是非常困难的。学生听说能力的提高需要在教师的引导下，花费大量的课外时间，通过坚持不懈的努力才能实现。但是，由于一些高校硬件条件相对落后，没有较好的听说教学环境，加之学生自身的自律性、自主学习习惯与能力较差，课外听说训练难以实现。而视听说课堂教学主要是通过听录音、看视频、做练习、讲解答案等方式进行，在很大程度上能够提高学生的听说水平，值得推广。此外，课堂口语训练主要通过对话形式进行较为机械，但由于不少学生害怕出错、不敢开口对话，所以经常出现“冷场”局面，导致视听说课程变成听力课程；在写作方面，教师只对写作方法、技巧略做介绍，课后练习不多，学生写作情况得不到及时反馈，写作水平难以得到锻炼与提高。

（二）社会发展对高校英语教学提出了新的要求

随着社会的发展，培养全面发展的高素质人才受到教育各界的普遍关注，这对高校人才培养提出了新的要求，即促进学生全面发展。高校除了要对学生进行科学素质教育外，还要对其进行人文素质的教育，并使二者相互融合，共同促进学生综合素质的提高。具有国际视野的人才，不但应该具备相应的专业知识，而且还要了解西方国家的语言、历史、政治、经济、文化等，这样才能更好地进行国际交流与合作。因此，高校英语教学应当实现工具性与人文性价值的融合，这是高校英语教学转型的必然之路，是更好、更快地适应全球化、国际化的人才培养模式的需求。

二、新时期高校英语教学转型的有效对策

高校英语的教学目标是培养学生的英语综合应用能力，使他们在今后的工

作和社会交往中能运用英语有效地进行口头和书面的信息交流；同时，增强学生的自主学习能力，提高其综合文化素养，以适应我国经济发展和国际交流的需要。因此，高校要采取有效措施和手段，积极推进英语教学的转型。

（一）树立正确的教学思想观念，全面提高学生的英语综合应用能力

高校英语如何适应 21 世纪社会经济发展的需要，是摆在教育工作者面前的重要任务。这就需要转变教学思想和观念，切实联系我国经济和社会发展的实际，妥善处理好传授知识、培养能力和提高素质的关系，把提高学生的英语综合应用能力放在重要位置。处理好“教”与“学”的关系，树立学生是教学活动的主体思想，重视对学生独立学习能力的培养；处理好听、说、读、写、译的相互关系，强调综合应用能力的整体提高和协调发展。各高校要充分认识到英语学习是个长期的过程。在英语教学过程中，教师要加强分类指导，分级教学，使不同地域、不同层次和类型学生的英语应用能力都能有所提高。

（二）改变现有的教学方法和手段，落实学生在教学中的主体地位

第一，改变传统“以教师为中心”的教学模式，突出学生在教学实践活动中的主体地位，注重理论联系实际；第二，将学生被动接受知识的教学方式转变为重在启发、引导以及互动式的语言交流，为学生创造更多的语言实践和交流空间；第三，精心设计课外互动活动，积极为学生提供自主学习和实践的语言环境；第四，利用多媒体和其他现代化的教育技术，积极开展网络教学，创新教学方法。

（三）完善教学管理，重视与高中英语教学的衔接问题

为了适应和满足英语教学大纲的要求，要逐步调整高校英语的课程设置，推出语言技能类、语言应用类、语言文化类等方面的课程，以供学生有选择地修习；同时，要求学生必须修满一定的学分，但在课程的选择上给学生较大的自由度。高校英语教学与高中英语教学的衔接问题一直是制约高校英语发展的重要因素之一，影响着高校英语的教学效率和教学水平。很多在高中就应该掌握的知识，在高校课堂上还要重复讲授，影响了学生学习的积极性，不利于学生综合应用能力的提高。解决好课程衔接问题，将高校英语教学重点转移到培养学生的英语综合应用能力上来，使学生能听得懂、看得懂英文资料。

（四）加强英语教师队伍的建设

首先，高校要对英语师资队伍建设进行整体规划，加大财力、物力的投入，放宽教师进修条件，全面提高教师学历层次。其次，建议增设面向高校英语教师的教育专业硕士学位，高校现有相关专业硕士点均可申请该学位授予权及申报招生计划。最后，建立高校英语教师在岗轮训制度。高校英语师资培训的目标应与高校英语教学转型相适应。教师应自觉成为学习型教师，与高校英语教学转型进程同步发展，提高终身学习的意识和能力。同时，还要积极采取措施，提高教师待遇，优化并稳定教师队伍，提高教师教学的动力。

综上，教学转型使高校英语教学逐渐走向现代化。对于学生而言，认识活动只有亲身参与实践，才能充分发挥主观能动性，进而掌握知识、牢记知识，并将其灵活运用到社会实践当中，这也符合学生的认知规律。因此，与以往的英语教学模式相比，全新的英语教学优势与功能更为突出。总而言之，在高校英语教学过程中，要不断改变传统教学模式，不断完善教学手段，提高教学效率。诚然，高校英语教学模式的转型并非朝夕之功，同样也存在一些不足之处。只要教师、学生相互配合，所有教学活动、方法和手段都以教学质量为核心，合理地借助新时期教学理念，必定能使高校英语教学迈向更高、更远的未来。

第二章　新时期任务型英语教学法研究

任务型教学法是从20世纪80年代逐渐发展起来，广为应用语言学家和英语教学实践者认可和接受的一种英语教学方法，不同时期的任务型英语教学法表现不同，本章将主要针对新时期任务型英语教学法展开研究。

第一节　任务型教学的界定

一、任务的定义

“任务”一词有各种各样的定义。首先，“任务”指人们在非教育环境下或在日常生活中从事的各式各样的事情。大多数人认为任务是指定担任的工作，指定担负的责任，而“任务”其实是人们每天的工作和生活中不断重复的各种活动，包括诸如刷墙、填表、给小孩穿衣服、买鞋、订票、借书、考驾照、打印、定房间等。但是，在英语教学中，特别是在谈到任务型教学时，“任务”这一概念通常是指以真实世界为参照、以形成语言意义为主旨的活动。由于任务型学习中的“任务”与真实生活中的任务有很多相似之处，根据任务相似的程度将其分为“真实世界的任务”或“目标任务”和“教学任务”，前者指那些在生活中有类似对象或原型，即通过客观考查后，根据实际需要设计的，旨在使学习者有能力解决真实生活中的问题的类似任务；后者包括基于第二语言习得的理论和相关研究，未必直接反映客观实际的任务，只限于在一定的教育环境中运用。

二、任务型教学的本质特征

任务型教学法是20世纪80年代兴起的一种强调“在做中学”的教学方

法，是一种以人为本、以应用为核心的教学途径，在世界语言教育界引起了广泛关注。在教学活动中，教师围绕特定的交际和语言项目，设计出具体的、可操作的任务；学生通过表达、沟通、交涉、解释、询问等各种语言活动形式来完成任务。任务的设定和完成使课堂教学的目标真实化、任务化，从而可以最大限度地调动学生的学习积极性，培养学生运用英语的能力。此理论认为：掌握一门语言大多是在活动中使用语言的结果，而不是单纯训练语言技能和学习语言知识的结果。任务型教学法具有以下五个特点：强调通过交流学会交际；将真实的语言材料引入学习的环境；关注语言的本身，也关注学习的过程；把学习者个人的经历作为课堂学习的重要因素；试图把课内的语言学习与社会的语言活动结合起来。

为了设计合适的课堂任务，有必要清楚任务的组成部分。任务由六个要素组成，这几个要素是任务目标、输入、活动、参与者的角色、环境和情景：目标是学习任务大体上的意图；输入指履行任务中所使用的资料；活动澄清了学习者要利用输入的材料做什么；角色是指教师和学习者在完成任务的过程中分别扮演的角色以及与学习者之间的社会关系；情景指完成任务时所处教室的具体布置，适当时要考虑任务的完成是否要有一部分在教室外进行。任务型教学法的任务设计也是该理论的重要内涵，它关系到任务型教学法能否有效实施。任务的设计主要是基于话题或主题，通过任务链方式来完成。下面简要介绍常用的六步任务链方式：

1. 熟悉学习任务的背景知识；
2. 用目标语的词汇、句子结构和语言功能进行相关内容的听力和阅读训练；
3. 进行真实性听力训练；
4. 聚焦语言成分；
5. 提供更加灵活的练习；
6. 引入教育性任务。

任务型教学法的研究在教学界如火如荼地发展，也深深影响了我国的教育。英语教学要时刻关注学生的兴趣和语言实际运用能力。教师应该跟上时代的步伐，及时更新自己的教学理念，课堂上灵活采用任务型教学法，这样才能为社会培养出应用型人才。

三、任务型教学的理论基础

（一）输入假说

如果人们想要提高第二语言，就必须有第二语言的输入。输入指的是学习者听到或者读到的语言样本。任务型教学可以给学生提供比传统教学法更多的水平适当的语言输入，所以它可以使学生提高语言水平。总的来说，语言输入来自两个方面，一个方面来自学习者阅读或听到语言学习材料，另一个方面来自小组活动或同伴活动中所用的语言。对于第一方面，当学生为了完成一个任务而阅读或者听一些学习材料的时候，他们能得到比在传统的课堂上更多的语言输入。当然，教师应该控制输入语言的适宜程度并且选择比学生现有语言水平稍难一点的语言材料。在传统课堂上，学生的语言输入材料只是教师所给的单词、句型结构、语法知识，而这些和任务型教学课堂上的语言材料相比，肯定要少很多。对于第二方面，在任务型教学的课堂上，当学生小组活动的时候，学生有更多的机会接触不同的语言。因此，他们有更复杂的语言输入。如果这些语言比学生现有语言水平稍难一点的时候，学生将能提高他们的语言学习。这样，学生应该能通过参加任务型教学活动提高他们的语言水平。

（二）输出假说

语言输出理论。这一理论认为在学习者语言习得方面，语言的输出比输入更为重要。

（三）交互假说

交互假说认为第二语言习得发生在语言交流的时候。这个假说的基本观点是当人们在交谈中互相理解有困难的时候，他们就会进行对所用语言意思进行商讨，这种商讨包括对语言的调整，对所用语言结构进行的修饰。这种商讨的结果是说话双方对语言输入理解更加透彻，因此促进了语言习得。在任务型教学中，为了完成任务，学生互相交流。在交流的过程中，他们有时候很难理解对方的意思。这时说话的双方通常会对谈话内容进行商讨和调整，从而使对方听懂自己的意思。商讨的结果是听话人明白了说话人所输入的语言，从而得以促进听话人的语言习得。随后，当语言学习者在以后的时间里说英语时，他们能够更好地记住正确的表达法并且能说得更正确、更合适。由此可见，任务型教学应该能够帮助提高学生的语言水平。

四、任务型教学模式的框架

目前，任务型教学研究多停留在理论层面上，而实践层面的研究较少。《任务型教学框架》一书中提出了能够完整体现任务型教学理念的教学过程框架。该框架是在综合世界各地长期的任务型教学实践经验的基础之上总结出来的一套教学模式，具有结构明晰可操作性强的特点。因而，该模式极具推广价值。

英语学习应当具备四个条件：有大量的可理解的语言输入，要具有语言环境；能够运用语言做事情，比如交流信息等；有使用语言的动机；有教学的条件，也就是有机会注意语言的形式。其中，前三个条件为必备条件，如果再具备了第四个条件则是理想的学习状态。上述教学模式旨在使四个条件有机地结合起来，为英语学习创造最有利的学习条件。

该框架把任务型语言教学过程分为三个环节，其中第二环节分为 3 个步骤，第三环节分为 2 个步骤：

（一）任务前阶段

该阶段在三个阶段中占用的时间最少。在这一阶段，教师的工作包括：介绍话题；帮助学生掌握与任务相关的单词、短语和表达法；帮助学生熟悉任务指令。因为不同的人针对同一话题往往会有不同层次和角度的理解，所以教师应当首先确定话题的具体范围。在提出话题时应当考虑到学生的实际能力，要注意话题不能太大，话题中的新知识、难点不能太多。

在帮助学生掌握与任务相关的语言知识时，教师应当首先了解学生已经掌握了哪些与任务有关的语言文化知识。应当鼓励学生自己把已掌握的知识总结出来，为此，教师可以采用“头脑风暴”“大脑地图”活动。当学生想出单词和短语时，把它们写在黑板上以便为下一步完成任务起提示作用。教师可采取的其他语言活动还包括：对单词、短语进行分类；从一组词中选出不同类的一个；连线、配对练习；记忆力挑战活动；互相提问题；教师讲述类似经历等。

教师可以选择以下方式来处理任务指令：第一，在学生能够理解的前提下，教师使用目标语朗读指令，这样做的好处是能够使学生更多地接触目标语；第二，学生自己看指令；第三，教师和掌握目标语程度较好的学生一起做示范；第四，播放具有示范性的录音。

（二）任务环

任务环阶段又分为 3 个步骤，即任务完成、准备报告、报告。

在任务完成阶段教师起的是监控作用。教师需要做的有：确保所有学生都已理解任务的目标，并且正在完成任务；尽量让学生自主完成任务，一定要避免过多地干预学生；教师应当在稍远一些的地方观察、鼓励学生；注意每个学生的参与程度和作用，力争使每一个学生都参与完成教学任务；在学生遇到自己无法解决的困难时，给予必要的帮助；对于使用母语的小组要立即纠正，并查明原因；尽量控制使用母语的时间。

学生们在完成任务之后总是渴望知道其他组的情况：他们是如何解决问题又是如何实现目标的？别的组谁获胜了？因而有必要让每一个组都选一名代表汇报一下自己组完成任务的情况。因为面对全班的同学，为了能够准确、清晰地表达以使别的同学容易理解，同时也是为了展示给同学一个好的形象，学生有一种本能的驱动来改进自己的语言。于是他们会为报告做好准备。教学过程也就进入了准备报告阶段。在准备报告阶段教师起的是语言顾问的作用。在这一阶段，学生们借助小组成员、教师、字典以及语法书来准备报告。教师则应当注意做到：使学生明白报告的目的、形式；告诉学生可以使用哪些资源；注意调动组内全体学生的积极性，必要时可以对他们进行角色分配，例如，让平时不太积极的学生做执笔人，而比较活跃的学生查字典；尽量让学生自己来完成报告的准备工作，不要主动地提供帮助；如果学生需要帮助，则应当同他们一起解决难题，尤其对于需要运用新知识解决的问题，教师应当积极引导，师生共同探讨得出，而不是仅仅告诉学生答案；发现语言运用较好的情况要予以表扬；指出学生所犯语言错误，但不要急于为其改正，而是尽量让学生自己改正；设定所需时间并提醒学生注意进度；在大多数组完成准备工作的情况下，结束全班的活动，进入下一环节。

在报告环节教师起的是主持人的作用。教师应当使学生听明白报告的重点和目的；安排报告的次序；对每一组的报告加以评论；在所有报告结束之后进行总结。

（三）语言焦点

在这一阶段，关注的焦点开始从语言意义转移到语言形式上来。本阶段包括语言分析和语言练习两个步骤。

在语言分析时，教师负责组织和监控学生的分析活动。这里的语言分析活动指的是侧重语言的形式和用法的活动。教师应当首先做出示范，并且确保每一项活动的重点和目的。其次对学生的分析活动加以检查，可以采取让学生把结果写在黑板上等形式。

第二节　英语教学中实施任务型教学法的可行性

一、英语教学中任务型教学法的可实施性

（一）英语教学内容的设定

首先，在英语教学中要设定任务的目标，即通过让学习者完成某一项任务而希望达到的目标。它可以是培养学习者说英语的自信心，解决某项交际问题，也可以是训练某一写作技巧等。其次，输入材料必须具有真实性，应以现实生活中的真实交际为目标，使学习者在一种自然、真实或模拟真实的情景中体会语言，使学习语言不再局限于教材。最后，要根据教学材料设计相应的多种教学活动。任务的设计要由简到繁，由易到难，前后相连，层层深入。形式是由初级到高级任务，再由高级任务涵盖初级任务的循环，并由数个微任务构成一串“任务链”，使教学呈阶梯式，层层推进。

任务型教学模式可根据不同层次学习者的英语水平创造出不同的任务活动，在充分体现以学生为主体的教学理念的前提下，让学生通过与学习伙伴合作、协商去完成任务。整个的学习过程充满了反思、顿悟和自省的活动型的学习方式，从而可最大限度地调动学习者学习的积极性和主动性，提高他们发现问题和解决问题的能力，发展他们的认知策略，培养他们与人共处的合作精神和参与意识，并在完成任务中体验成功的喜悦，获得成就感，实现自我的价值。

（二）英语教学任务的设计

首先，任务的设定要具有真实性和功能性。在任务设定中所使用的教学输入材料应源于真实的生活。但“真实”是一个相对的概念，它可以来源于课堂教学的教材，但同时教师要创造一个新的语言环境，并根据学生在该任务中所学到的知识点提出一个需要解决的问题，选择真实性事件或情景作为驱动学生学习的动力性任务，它可使学生在完成任务过程中运用刚学过的语言知识解决某一情境下的交际问题，也可使学生运用已有的语言知识、策略及技能来探索运用英语的规律。学习者在学习英语的过程中普遍存在着语言脱离语境，脱

离功能的现象，即学习者可能掌握了语言不同的拼写形式和相应的含义，但不能以适当的形式得体地表达意义和功能。而任务设计的原则是在真实性原则的基础上，将语言形式和功能的关系明确化，让学习者在任务履行中充分感受语言形式和功能的关系，以及语言与语境的关系，从而增强学习者对语言得体性的理解。

其次，任务的设定要具有连贯性。“任务依属原则”即课堂上的任务应呈现“任务链”或“任务系列”的形式，每一任务都以前面的任务为基础或出发点，后面的任务依属于前面的任务，换言之，一堂课的若干任务或一个任务的若干子任务应是相互关联的，具有统一的教学目的或目标指向，同时在内容上相互衔接。因此，这样的任务系列就构成一列教学阶梯，使学习者能一步一步达到预期的教学目的。

最后，教学任务的设定要具有实用性、可操作性和趣味性。英语课程不仅应该打好语言基础，更要注重培养实际使用语言的能力，特别是使用英语处理日常和涉外业务活动的能力。因此，在任务设计中要避免为任务而设计任务，任务设计者要根据学习者的专业特点和他们将来就业方向的特点来设计教学任务，并尽可能为学习者的个体活动创造条件，利用有限的时间和空间最大限度地为他们提供互动和交流的机会，从而达到预期的教学目的。在英语教学中普遍存在着教学任务多，但课堂时间少的现象，因此在任务设计中要尽量避免环节过多、程序过于复杂的课堂任务，必要时可为学习者提供任务履行或操作的模式。任务型教学法的优点之一就是通过有趣的课堂交际活动有效地激发学习者的学习动机，使他们主动参与学习。因此，要尽量避免机械的、反复重复的任务类型，取而代之的是形式多样化的、趣味性的课堂教学任务。

由上述可知，无论从英语教学内容的设定方面来看，还是从英语教学任务的设计方面来看，任务型教学法在英语教学中都具备一定的可实施性。

二、英语教学中任务型教学法的优点

任务型教学法是对交际法批判式的继承与发展。交际法采用功能—意念大纲来确定教学内容和目标，而任务型教学法以任务为核心计划、组织教学，制订任务大纲，以任务的完成为教学目标。任务型教学法认为英语学习的实质条件是真实的语言环境、大量的目标语输入和输出机会以及学习者之间的意义协商，而交际法缺乏大量的语言输入和输出机会。任务型教学法采用任务组织教学，为英语学习创造了必要的条件。选择与生活相关的交际任务能够为学习者创造接近自然的语言学习环境，促进完成任务过程中学习者之间的互动、意义协商，并提供大量的语言输入、输出和验证假设的机会，这本身就能够推动学习者语言能力的发展。

任务型教学法的重要创新在于提出了形式—功能性原则，即让教师与学习者明确语言的形式与语言的功能之间的关系，因此任务的设计注重语言形式和功能的结合。任务型教学法对语言结构的关注并非期望学生一次性地掌握课堂中出现的语言形式，而是为了让学生对语言结构知识引起相当的注意，形成一定的认识，逐渐整合到发展中的中介语系统中，最终形成语言能力。具体地讲，学生通过完成听、说、读、写等任务，对语言进行积极的认知加工，在感受了语言形式所承载的意义的基础上获得综合语言技能的发展。在教学实践中，教师依据该原则让学生结合特定的语境观察、分析、概括出语言的规则，从而改变教师主要通过讲解、灌输语法的教学方式；同时使学生更加明确自己的学习目标，并在交际的环境中，合理分配注意力，从而使语言得到持续、平衡的发展。

任务型教学法从人的发展角度设计教学任务。任务型教学法以任务为分析单位，编制大纲、实施教学，通过任务使语言系统与语境联系起来，把教学的重心从形式转移到意义上来。它可以让学生在使用语言的过程中学会语言，并为学生创设发现学习、探索学习的情景和条件，促进学生的认知能力和智力，从而确立学生在教学中的中心地位。学生通过组织语言、使用语言去寻求答案、解决问题、完成任务。语言系统知识的掌握已不是教学的终极目的，它只是发展学生交际能力、解决问题能力的手段。任务型教学法体现了沟通与合作、真实性、关注过程、重视学生主体性参与、学用结合等特点，毋庸置疑，它是英语教学法又一次巨大的进步与创新。

第三节　新时期任务型教学法在英语教学中的应用

一、新时期任务型教学法在听力教学中的应用

通俗来讲，英语听力能力就是能听懂以英语为母语的人说话的能力。听的过程是人脑有意识地对听到的语言进行积极加工和处理的过程。在听力理解的过程中，听话人根据具体情境所提供的信息线索以及自己本身所掌握的语言知识与社会文化知识，运用各种方式达到理解的目的。听力是获取语言信息的重

要手段，也是人类进行交际的重要手段。而作为培养学生听力的重要途径知识，听力教学的重要性越来越明显。

（一）新时期英语任务型听力教学的设计原则

在任务型听力教学中，任务的实施情况直接受任务设计的影响，因此在教学过程中，教师要格外注意听力任务的设计、以保证任务的顺利进行。具体来讲，在英语任务型听力教学中，教师要遵循以下任务设计原则。

1. 真实性原则

所谓真实性原则，是指在设计听力任务时，所选用的听力材料一定要源自现实生活，同时听力任务的活动和情景也要贴近真实生活。具体来讲，教师在依据听力材料设计具体任务时，要了解学生的实际情况，并据此为学生提供其所熟悉的语言信息，使学生感受到任务情景的自然性和真实性，并从中体会和学习语言，培养语言能力，最终将在课堂上获得的语言技能运用于现实生活。实际上，真实只是一个相对的概念，因为听力材料不可能总是绝对真实，但是至少也要尽量真实。

2. 层次性原则

所谓层次性原则，具体包含两个方面的含义：首先，在设计听力任务时，教师要了解学生的听力水平，并根据学生听力水平的差异划分不同层次的小组，让学生完成任务；其次，针对同一听力材料，教师同样要了解学生的实际水平，并具体设计出难易程度不同的听力任务，以满足不同层次学生的需求。教学设计具有层次性，可以培养不同层次学生的听力能力，进而达到预期的教学效果和目标。

3. 趣味性原则

所谓趣味性原则，是指教师在设计听力任务时，要以学生的生活经验和兴趣为出发点，将听力内容尽量生活化和简单化，并运用灵活的教学活动形式最大限度地使任务具有趣味性。具体来讲，教师在设计听力任务时，可以适当运用其他教学辅助手段，如将视听结合、声像结合等来增添听力材料的趣味性，进而激发学生的兴趣，提高学生学习的效果。

4. 挑战性原则

所谓挑战性原则，是指在设计听力任务时，要使听力任务具有一定的挑战性。因为如果听力任务设计得过于简单，学生会觉得索然无味，随之就会失去听的兴趣，不利于听力水平的提高。因此，在设计听力任务时，教师要使听力材料的难度稍微高于学生的日常听力水平，让他们完成富有挑战性的听力任务，这样不仅可以激发学生的积极性，还能让他们体验到成功的快乐。但是，听力材料和任务设计的难度不能太大，否则学生就会因完不成任务而失去学习的信心。

（二）新时期英语任务型听力教学的实施步骤

听力教学一般分为三大步骤，即听前、听时和听后。

1. 准备阶段

听前阶段的主要任务是激活学生大脑中已储备的背景知识，帮助学生形成足够的语境，以保证学生尽可能了解即将听到的语言材料。学生一般会有这样的体会，当碰到自己熟悉的听力内容时，收获会更为明显，这反映了语言知识和背景知识在听力中的重要性。通常，语言知识主要包含语音、词汇、语法、句法以及篇章结构方面的知识，背景知识则涵盖的范围较广，包含英语文化的各个方面，如地理、历史、生活方式等。

在任务的准备阶段，以教授语言知识为主，背景知识介绍为辅。在此阶段，教师要引导和帮助学生启动已掌握的与听力材料相关的各类知识，以辅助听力任务的完成。如果学生不具备某些必要的知识，那么听前活动就为及时弥补这些知识提供了机会。因此，教师必须在听前对学生的语言水平、社会文化知识储备等方面的情况有所了解，并与学生一起为听力理解做好准备。具体地，教师可以采用以下方式激活学生的背景知识。

（1）根据听力材料的顺序向学生提供关键字、生词、短语等，并要求学生根据这些信息对即将听到的内容进行预测。

（2）指导学生阅读一些相关的材料。

（3）提供一些与听力材料相关的问题让学生讨论。

（4）提供一些与材料相关的图片、照片等，引发学生与听力材料的预测，同时激发学生的积极性。

需要注意的是，在进行听力准备活动时，涉及的内容不宜太多，也不能太复杂，因为这毕竟是课前准备活动，不可能解决听力过程中的所有问题。此外，听前的活动量也不宜太大，时间尽量不要太长，否则就会偏离听力教学的目标，产生虎头蛇尾的情况。

2. 实施阶段

在完成了听力准备阶段之后，就要进入下一个环节——任务实施阶段。这阶段的重点是加快学生对信息的识别、解码、储存的过程，使学生逐步适应英语语速，习惯英语的正常语速，并在此基础上抓取听力内容主要信息，以使学生的听力水平有一个质的飞越。有了初步的语言基础之后听力理解的困难主要不在于信息传递的速度，而是在于区分主要、次要信息和冗余信息，在于如何从逻辑上推测新信息，以及如何排除不熟悉用语的干扰，迅速捕捉主要信息。在听力过程中要能够容忍知识的模糊和不完整，而这也是成功听力者的主要特征之一。

但如何在稍纵即逝的语流中捕捉主旨大意，排除不必要的干扰是值得注意的问题。因此，教师需要设计一些具体明确、形式多样的任务活动，让学生带着问题和任务去体会和掌握听力要义。

（1）在听力开始时，教师提示学生注意材料的第一句话，因为该句话往往就是主题句，预示着内容的发展方向。同时，要求学生记下关键字，以便于后面任务的完成。

（2）提醒学生分清听力材料的主要信息和次要信息，使学生将听的重点放在主要信息的捕捉上，以增加快速性和准确性。

（3）也要注意师生与生生之间的交流与互动，具体教师可以将学生分成小组，并提出相关的问题，在听力结束后，要求各个小组讨论问题，每个小组派出代表回答，最后教师进行点评。

（4）引导学生根据说话人的语调和情感揣测说话者的观点和态度。

（5）教师还可根据听力内容让学生选择对应图片、排列顺序、补全对话等，以使学生在完成听力任务过程中寻找到听的动力和兴趣。

在完成听力任务的过程中，各个教学任务的设计可以有效引导学生捕获听力材料的主要信息和主旨大意，实现师生交流与互动，为学生提供一个有趣生动、形象真实的听力实践过程。

3. 补充阶段

这一步骤是听力教学的深化阶段，结束收听并不意味着整个听力获得的结束，在这一阶段，教师还应对学生所完成的听的任务进行验收，以便对学生听的情况进行评估。但是，所谓验收并不仅仅是对答案，更重要的是对学生的错误答案进行分析，即分析学生存在的问题有哪些，造成学生听力困难的原因是什么，对于这些问题如何改进等。分析了学生的错误答案，教师就可以更多地了解学生的学习情况，并据此有针对性地设计一些任务加以弥补，以避免学生再犯类似的错误。

在听力教学中，没有必要将要求学生在听时做出正确的反应以及顺利完成听力任务作为听力活动的目的，也没有必要将完成听后的分析任务作为活动的终点。而应将听力活动作为起点与其他活动融合在一起，这样可以收到更好的效果。也就是说，听后阶段应扩大范围，即教师要在可理解输入的基础上，培养学生在听力过程中分析、提出有关的文体知识的能力，并布置相关的输出性任务，使学生能够将听到的语言知识通过实践活动转化为语言的实际运用能力，这样不仅可以加速输入语言的内化过程，还可以使听力活动转变为一种语言输出活动。输出任务的设计要从学生的实际情况出发，为学生安排多样的输出任务，创造语言交际的机会。依据不同的对象和内容，教师可设计以下几种任务活动。

（1）教师可以设计复述活动，即要求学生对听力材料中的语言信息进行加工处理，然后用自己的语言或听力材料中的语言进行复述。

（2）教师可以设计对话与角色扮演活动，即根据听力材料中的真实情景设计对话，然后让学生分角色进行表演。

（3）教师可以根据听力材料的内容对学生进行分组，然后让他们讨论和发表个人意见，以锻炼学生的语言表达能力。

上述三个任务将听与说结合起来，在说的过程中，学生可以体会、内化和运用语言，而听的学生则可以进一步增加听力训练的机会。另外，听还可以与写结合起来设计一些写的任务活动，如改写、进行故事续编等。

总而言之，通过上述三大步骤的实施，不仅可以营造轻松、互动的学习氛围，还可以创造出类似于真实的语言环境。而这能有效地调动学生内在的学习动机，促使学生顺利完成听力任务，并在完成任务的过程中使学生不断体验成功，提高听力水平。

二、新时期任务型教学法在口语教学中的应用

学习语言的目的是进行交际。随着社会的发展和国际交往的日益频繁，培养学生的口语交际能力受到了人们的高度重视。英语教学的最终目的就是要培养学生的综合运用语言的能力，教师要能为学生创造积极的、能运用英语的环境，只有这样，才能培养学生的英语交际能力。但是，在长期的传统教学模式下，我国英语教学都将重心放在了英语语言知识的讲授上，而忽略了学生口语交际能力的发展，使得我国学生在学了多年英语甚至大学毕业之后都不能用英语进行流利的交际。为了改变这种现象，提高学生的口语交际能力，必须要引入新的教学方法。

（一）新时期英语任务型口语教学的设计原则

任务型口语教学需要教师从学生的角度出发，设计任务活动，让学生实施活动。而要设计出符合学生实际的任务活动，就要遵循以下设计原则。

1. 循序渐进原则

这一原则是指任务型口语教学中任务的设计应由简到繁，由易到难，层层

深入。并形成由初级任务向高级任务以及高级任务涵盖初级任务的循环。在课堂教学中，任务应称“任务链”或“任务系列”的形式，每一项任务都要以前面的任务为出发点。这种任务形式有助于拓宽学生的语言知识面，也有助于提高学生的语言综合能力。因此。在口语教学中，教师要遵循先输入后输出的规律，使学生扎实地一步步完成任务，并在完成任务的过程中达到掌握英语能力的目标。

2. 语言形式与运用相结合原则

传统英语教学的不足之处就是语言形式与运用相脱离，在传统的英语教学中，学生虽然掌握了不同的语言句型和形式，但却不懂得如何使用它来表达意义。因此，在口语教学中，教师在设计交际任务时，一定要注意语言形式与语言运用的结合，要求学生在学会语言形式的基础上，培养自己的语言运用能力，同时教师每一阶段的任务设计都要具有导入性和激发性，以提高学生的积极性。

3. 人人参与原则

在英语教学中，培养学生的口语能力并不是培养个别学生的口语能力，而是让大部分学生的口语能力得到提高。因此，为了达到使全班学生的口语都得到训练的目的，教师在设计教学任务时就要遵循人人参与的原则，即尽量设计真实的、使学生感兴趣的任务活动，以吸引每个学生都积极参与活动，并在完成任务活动的过程中锻炼自己的口语。在全班练习的口语活动中，学生个人参与的机会很少，而且时间较短，此时可以安排学生分组完成任务，这样每个学生都有发表见解的机会，而且在小组中，学生也易于克服胆怯心理，乐于参与活动，其合作意识也能得到培养。

4. 任务具有一定难度原则

除上述情况外，任务的难度也对任务型口语教学的效果有着直接的影响。所以，在设计任务活动时，任务必须要有一定的难度。一方面，不具有挑战性的任务只会使学生单纯地练习已熟悉的句型，根本达不到交际的目的。另一方面，缺乏一定难度的任务很容易使学生失去参与的热情和积极性，因而同样也达不到真正交际的目的。学生只有经过克服困难后获得成功时，才会真正体会到成就感，也才能激起他们不断学习的热情。因此，在设计口语任务时，教师可以给学生提供相同的材料，但设计不同层次的任务，并提供不同程度的帮助；也可以向学生提供不同程度的材料，让学生执行相同的任务；还可以对学生进行分组，让各小组成员各尽其职，充分发挥自己的优势，共同完成任务但是，所有任务的难度都应该在学生所能驾驭的范围之内，任务过难反而会达不到训练的目的。

（二）新时期英语任务型口语教学的实施步骤

1. 呈现新知，明确任务

在开展任务之前，学生首先要在语言材料上以及思想上有充足的准备。在这一阶段，学生的主要任务是感知新的语言材料、进行大量的语言输入；教师的主要任务是结合学生的学习情况以及生活经验，激活学生与话题相关的图式，将所要学习的新知识与学生已经掌握的知识建立起联系，使学生头脑中与完成任务所必需的语言知识和技能得到激活之后再导入任务，这样在完成任务的过程中学生才有话可说，并建构出新的语言材料。

在此环节中，教师要在遵循先输入后输出原则的基础上为学生创造有主题的情境，使学生先从自己熟悉的、源自真实生活的话题以及自己感兴趣的话题谈起，以此调动他们参与的积极性和学习的动机。而且，源自实际生活的话题不仅可以使学生心情放松，还能激发他们说的愿望，使他们满怀期待地开展新课的学习，进而为下一阶段的口语练习打好基础。

2. 准备任务，展开交流

在思想上和语言材料上做好准备之后，就要准备任务，让学生展开交流活动。在学生接受任务之后，教师可安排学生以结对子或小组的形式自由组合，并为学生设计多个小任务，使之构成任务链。让学生展开交流活动。在这期间教师要监督、指导学生完成任务的情况，也可以作为小组活动的一员，参与小组活动。此后，各小组要以口头的形式向全班汇报完成任务的情况，此时教师可以给予学生适当的指导和帮助，以使学生的口头汇报自然流畅。

结对子或小组活动可以有效克服我国大班化教学的不足，它可以创造说英语的环境，为每个学生提供练习和运用口语的机会；与同伴交流和沟通可以更加有效地激发学生的认知发展，最大限度地降低学生的焦虑度；小组讨论，同伴之间相互帮助促进，还能培养学生的合作意识和精神。在这一环节中，教师要时刻注意并了解学生对新知识的掌握程度，并据此对教学策略做出及时地调整。

3. 展示成果，评价任务

在各小组完成任务之后，用英语向全班展示最终的任务结果，教师和全班学生一起对各小组任务的完成情况进行评价。在这一环节中，教师要意识到及时评价的价值。教师可以对学生完成的情况进行总结，对于任务完成情况较好的小组给予鼓励和奖励，以使他们品尝到成功的喜悦；对于任务完成情况一般的小组，教师要给予支持，以增强他们的自信心，促使他们不断努力。教师还可以让学生评价哪一组完成的情况更好，并说明每组的优点、不足及理由，这样可以让学生在评价他人的过程中学会正确理智地评价自己，达到学习与做人双丰收的境界。

4. 布置作业，扩展任务

这一环节是任务的延续和拓展，让学生在课后完成与课堂内容相关的任务。例如，让学生到图书馆或上网查找适合他们学习的教学资料，以加深学生的知识积累；或是让学生以小组为单位出一期与话题相关的墙报，以提高学生学习的积极性。

三、新时期任务型教学法在阅读教学中的应用

在任务型阅读教学中，学生在教师的指导下以完成任务的方式参与学习，不仅能感受到轻松愉悦的学习气氛，参与师生之间、生生之间的合作与交流还可以真切地感受到语言在实际运用中的作用，可谓一举多得。

（一）新时期英语任务型阅读教学的设计原则

1. 实用性原则

在对任务进行设计时，不仅要注重任务的形式，更要考虑它的效果，应努力避免为设计任务而设计任务，而是要使任务始终围绕着教学来展开。具体来说，践行实用性原则应从以下几个方面做起。

（1）任务的作用在于达到满意的教学效果，因此任务既要符合学生的认知特点，又必须帮助学生理解所学知识，使学生在完成任务的过程中体会到知识的实用性。

（2）为提高学习者的参与性，在设计任务时要以学生的生活经验和兴趣为出发点，要有利于学习者练习、巩固英语知识与技能，从而提高他们的语言运用能力。

（3）任务的设计者还应充分利用有限的时间和空间，最大限度地为每一个学习者提供互动和交流的机会。

（4）任务的完成过程还应成为学习者扩大知识面的机会。因此任务的设计者应注重英语学科与其他学科间的相互渗透和联系，促进学生人文素养的提升。

2. 多样性原则

多样性原则包括两层含义：内容的多样性和形式的多样性。

（1）内容的多样性。在设计任务时，任务的主题不应千篇一律，而要经常变换。如预备性任务、目标性任务等。这既可以调动学习者的积极性，又可

以向学生提供语言形式的多种展现方式，从而加深他们对语言的理解力。

（2）形式的多样性。我国的大部分学生在课堂上的参与度不高，为了使每个学习者都参与进来，在设计任务时应考虑使用多种形式。例如，在参与形式上，可以通过两人小组、四人小组或十人小组等。在任务的完成过程中可以安排图表、对话、问卷、协商等形式，在成果的展示环节可以安排口头报告、幻灯片展示、文字展示等。

3. 连贯性原则

任务型教学法是通过一项、一组或一系列的任务来实现教学目标的。这些任务既不是孤立地穿插于教学过程中，也不是毫无联系地堆积在一起，而是具有一定的内在联系。具体来说，每一项任务都以之前的任务为基础，同时每项任务又是后续任务的出发点。这样，每一课、每一教学单元以及每个学期的任务就形成一个“任务链”，帮助学习者循序渐进地达到预期的学习目标。可见，连贯性原则就是指任务的设计应由易到难，层层深入，并充分考虑教学上和逻辑上的连贯与流畅。

需要特别说明的是，上述各原则并不是相互孤立的，而是相互影响、相互制约的。因此，在设计任务时应对它们进行综合考虑，避免顾此失彼。

（二）新时期英语任务型阅读教学的实施步骤

1. 准备阶段

这一阶段的主要任务是帮助学生识别新词和短语、熟悉话题并激活相关背景知识。具体来说，教师可以采取以下一些措施。

（1）搜索、阅读背景材料。教师可以要求学生以某一话题为中心进行相关的课外搜索或阅读。这不仅可以拓展学生的知识面，还能帮助学生建立起已有知识和阅读材料之间的联系，实现知识的正迁移。

（2）课前演讲。课前演讲就是提供一个机会让学生来展示自己的搜索成果。这既是对学生的搜索、阅读活动的检验，又是锻炼学生表达能力的机会，还可以提高学生的课堂参与意识。其具体的操作过程是：演讲者围绕本课主题或与主题相关的社会热点问题进行3–5分钟的演讲，演讲结束后由听众对演讲者提问。演讲者必须做充分的准备，搜索大量的资料并对自己所讲的材料非常熟悉；听众不仅要听懂、理解演讲内容，还必须具备一定的判断、分析能力，否则无法提出有质量的问题。

需要特别说明的是，为了提高课前演讲的效果，教师应对演讲时间、提问时间、回答时间及提问人数进行控制。

（3）分析标题。一般来说，标题是对文章内涵的高度提炼和对文章主题的重要诠释。通过对标题进行分析，可以大概预测出文章的框架结构、写作思路以及材料的大体内容。

（4）分析插图。随着时代的进步，越来越多的教科书都开始配备插图。此外，插图的功能也逐渐发生变化，不再是可有可无的内容，而是成了教材必不可少的一部分，有的甚至承担起提供信息的重要功能。因此，对插图进行分析具有重要的意义。

（5）运用头脑风暴法。头脑风暴法的操作步骤是：首先由教师确定与阅读材料主旨相关的关键词，然后让学生在短时间内列出与之相关的词语。这可以帮助学生在大脑中快速提取对某一关键词的背景知识。

（6）提问与讨论。首先由教师向学生提出与阅读材料相关的问题。教师在设计问题时要将文章内容与学生的知识、经验、兴趣有机结合起来。然后，学生可以就教师的问题进行讨论。在讨论的过程中，思想的碰撞可以帮助学生深化认识。此外，讨论还可以创造活跃的课堂气氛，并激发学生的阅读兴趣。

需要说明的是，教师可以根据阅读材料的不同对上述方法进行自由组合。

2. 实施阶段

根据阅读的过程和意义，这一阶段的活动可以分为以下三个环节。

（1）表层阅读。表层阅读由学生独立完成。教师的任务是通过问题来引导学生的阅读，并对阅读过程进行监控、指导，以保证学生的阅读能达到预定目标。同时，教师还应通过学生的问答来对阅读成果进行检验与评价。可见，虽然表层阅读是学生的个体性活动，但这个环节仍然有师生之间的互动。

（2）深层阅读。深层阅读常常以小组活动的形式来展开，其重点不是词汇语法的讲解，而是对阅读材料进行语篇分析。具体来说，教师应对阅读材料的内容与结构进行整体性的分析，帮助学生把握文章的脉络与框架。此外，勾画结构图是一种简捷有效的方法，有利于学生在大脑中建立起阅读材料的轮廓。

（3）课文巩固。这一环节不同于传统教学模式中的练习。练习并无实际的语言意义，只是为了练习语言形式。而任务型阅读教学的课文巩固环节是为了巩固语言意义而展开的活动，且多以现实场景为背景。

课文巩固常常采取讨论和补全信息的方式，且多以小组活动或班级活动为主。具体来说，学生在一个真实的语言环境中将所学知识加以运用，从而可以在知识与功能之间建立起联系。

3. 补充阶段

在这一阶段，教师可以采取以下几种方式。

（1）复述课文。复述不是对课文的简单背诵，而是在对阅读材料进行全面理解的基础上的二次加工。复述体现了学生对阅读材料的认知、理解、推理、归纳、表达、再现，可以锻炼学生的综合语言运用能力。为了进行复述，学生要从音、形、义等方面来深化对单词、词组以及习惯用语的掌握。另外，复述使新学的语言知识、材料的重点内容得以重复，学生会在语言实践的过程中不知不觉地提高表达的熟练度，深化对材料内容的理解。与此同时，学生的阅读能力与口语表达能力也随之提高。

（2）主题辩论。学生具有一定的英语基础，同时对许多问题都有自己的观点并愿意发表见解。因此，进行主题辩论既符合他们的性格特点又可以调动他们的积极性。具体来说，首先由教师与学生共同从阅读材料中选取一个或若干有争议的观点，然后由学生分正反两队进行辩论。这不仅可以深化学生对阅读材料的理解，还为他们提供了将所学内容投入实际运用的机会。此外，在辩论过程中可以听到不同的声音，这对于开阔他们的思路，提高他们的思辨能力大有裨益。

（3）角色扮演。角色扮演是指通过学生对课文内人物进行扮演的方式来帮助学生内化阅读材料的一种活动。通过角色扮演，学生可以真切地感受到语言与人物特点、具体环境以及故事情节之间的关系，从而深化对语言的理解。为了取得满意的表演效果，学生还需要对人物心理进行揣摩，非常有利于学生探究能力、创新能力的提升。此外，角色扮演不是一个人可以完成的，学生在与其他演员以及后勤人员的合作过程中还能克服害羞心理、提高团队意识、提升自我评价并形成正确的情感与价值观。

第四节　新时期任务型英语教学评价的设计

一、新时期任务型英语教学测试任务的要求

在任务型评价中，测试任务必须满足以下几个方面的要求；有明确的目标和意义；在布置任务时需要有明确的情境提示，以说明任务完成的条件和要求；测试任务的评价取决于结果；注重语言的交流和运用，并且与实际的生活相关，设计的任务往往是受试者现在或今后生活中可能需要做的事情。

综上所述可知。任务型评价重在考查学生运用语言知识在语篇中完成任务，重在考查学生可以做什么，从而推断他们将来在实际交际中如何表现。此

外，这一测试方式还考查其他方面如策略和文化知识等内容。简言之，任务型评价旨在考查学生的综合语言运用能力。

二、新时期任务型英语教学的设计原则

在任务型评价中，任务是最基本的分析单元，任务也因此成为选择、评价工具建构以及评价任务表现的依据。虽然这一测试方式大多选用真实的任务来考查语言系统中的某些特定成分，但其关注点在于考查学习者完成任务本身的表现。

任务型评价设计的基本原则是测试应该能推断出学习者的实际语言能力，预测其语言能力方面的表现以及是否可以在不同的情境下运用语言。而将其作为设计原则的原因如下所述。

（1）测试任务主要侧重描述学生应该具有的语言运用能力，既对学生应该达到的水平有详细的描述。对于任务的要求和所希望达到的标准通常应该是在指示语中明确进行描述的，包括对于任务的目的、对象，完成任务所需要的时间，文本的长度等。

（2）测试任务的同时也要对任务评价的标准进行详细的说明，如任务的情境、输入信息、输入方式、条件、信息处理过程、参与方式、信息输出方式等，以保证学生顺利地完成任务。

（3）测试任务也要包括完成任务的过程、条件以及应该达到的结果。测试任务重点关注学生是否可以根据条件完成任务，而不只是考查其对零碎语言知识的认知能力。测试任务可以作为任务标准参照性测试的依据。

三、新时期任务型英语教学的注意事项

（一）任务要与课程目标、学生生活一致

1. 任务要有比较清楚的能力目标，从而让学生了解需要掌握的教学和技能的具体内容。

2. 要明确什么样的任务适合于教学内容和技能，即这些任务涵盖哪些语言方面的能力。

3. 学生在完成这些任务的过程中是否能表现出教师希望检测的语言能力。

（二）注意对任务难易程度的控制

学生在完成任务过程中所需要用到的语言运用如词汇、时态、语法结构等

应该与所学习的教材内容基本一致，这就要求教师选择的任务必须接近学生所学习的语言内容，不能脱离学生学习的实际情况。

（三）注意保持任务设计的公平性

任务的完成最好能够体现出所有学生的语言发展情况和实际运用能力，而不会因为任务中其他无关因素影响到评价的公正性。

（四）注意任务设计和间接性测试的结合

需要指出的是，强调任务型评价并不是要摒弃其他所有的测试方式。当前大多数学校采取的阅读、听力、写作等测试方式在一定程度上都可以测试出学生的能力，任务型评价同样可以包括一些间接性的考试方式。

第三章　新时期互动式英语教学法研究

互动式教学法在英语教学中的应用，不但有助于学生形成良好的学习习惯，掌握有效的学习策略，还能够推动学生自主学习能力与合作精神的发展。本章即对新时期互动式英语教学法的相关内容加以研究。

第一节　互动式英语教学的内涵

一、互动式英语教学的基本含义

互动是一个从社会心理学中引入教学领域的概念。它来自德国社会学家齐美尔（Simmel）所著的《社会学》一书。互动是两个或更多的人互相交流感情，传递信息并对双方都产生影响的过程。同时，互动要求双方一定有交流的兴趣，注意力集中在接收或表达说者或听者感兴趣的信息。目前流行的交际英语教学理论的核心就在于交际能力培养必须具备互动这个性质。在交际语言教学时代，互动其实是交际的核心，也是交际所需体现的全部内容。换言之，交际的主要来源是互动，即两者或更多人之间合作式的交流思想、情感和想法因而相互产生影响。

所谓互动式英语教学就是在英语教学活动中，师生之间通过真诚和谐的交往、沟通，相互作用，相互推动，形成师生互动、生生互动、学习个体与教学中介互动的教学局面，推动教学进程，提高教学效果的一种教学方法。教师尊重学生的个体差异，创设能引导学生主动参与的课堂教学环境，引导学生质疑、调查、探究、实践，发展、培养学生运用英语知识的能力，使学生主动地、有个性地充分地发展。它是教与学的相互结合，辩证统一。教师和学生互为主体，互为客体。教师和学生进行交互式的问辩、探讨与交流，教与学双方是良性互动的，即学生在教师有目的、有计划、有组织的指导下，积极主动地掌握系统的文化知识、发展智力、陶冶情操的过程。在决定教学的整体效果中，教师和学生起着同等重要的作用，要成功而有效地完成教学过程，取得好的教学效果，必须同时调动教与学两个方面的积极性，即充分发挥教师和学生这两个主体复合而成的统一体的作用。

二、互动式英语教学的主要类型

（一）师生课堂互动

对多数刚入学的大学新生而言，其思维方式、学习策略（如时间安排、学习习惯等）等尚未发生转变，尚未具备“教学要求”所提出的自主学习能力，不能充分利用英语的学习资源和环境。因此，需要教师的积极介入，在情感方面进行疏导，填补元认知学习策略。所以，在第一课堂，教师应充分利用计算机网络、各种教学软件和音频、视频资料，立体地呈现教学内容。同时，根据学生的信息反馈，结合学生的认知、情感，设计适合其生理、心理特点的各种英语活动。该模式“以教师为主导、以学生为中心”，课堂活动基本上围绕着学生进行。例如，给学生提供相关信息，帮助学生理解和解决问题。教学通常以“教师讲解—学生聆听—教师提问—学生回答—教师评定—学生聆听—教师纠错—学生操练”等步骤进行。在教学的所有环节中，师生之间的互动遵循“刺激—反应”原理，教师首先给予学生外部刺激，随后，学生的行为相应地发生改变。就是在这样不断的刺激、反应、强化、操练的过程中，学生逐步掌握知识点。此外，课堂行动还包括错误处理、教师提问、学习者参与、以完成任务为目的的双人互动及小组活动等。

（二）生生“社区”互动

生生“社区”互动，是师生课堂互动的一个自然延伸和补充，营造英语学习氛围，扩大英语学习的时空范畴，强化在真实交际环境中应用英语这一重要环节，让学生在体验中学习，在学习中体验。生生“社区”互动教学模式的实施环境，是寝室、第二课堂（英语角、自主学习体验中心等）和第三课堂（社会实践）。教学模式主要围绕精心设计的合作学习任务或者真实任务展开。一方面，课堂上学到的内容和方法，应该在课外得到进一步的练习和巩固。另一方面，通过大量的语言实践，包括听、说、读、写、译等系列活动，帮助学习者形成问题意识或主人翁责任感，并以此驱动学习者实现学习目标，全面提高语言实践能力。生生“社区”互动的形式多种多样，可以是两人或多人间的直接互动，也可以是借助同步、异步通信工具所进行的互动学习。双人互动是一对一的交流、合作过程，是一种缩小化的小组形式。与小组活动相比，其最大的特点就是形成一种不容推卸责任的合作共同体。学生在双人互动的学习中，时刻承担着其中一个必不可少的角色，少了其中的一方，交流就无法进行。小组互动一般是由三到五个英语程度各异的学生组成一个单位，为共同完成一项学习任务而采用的合作、互动形式。生生“社区”互动有利于交流、协作学习、凝聚集体智慧，适用于主题、问题研讨等。

（三）生机多元互动

伴随着信息化教育技术的发展，计算机从辅助角色逐渐转变成主要角色。生机互动模式中，计算机扮演多种角色，既可作为教师，也可作为学伴，使英语教学真正做到虚拟化、个性化、合作化和自主化。学生利用海量的网络资源进行学习，并与信息资源环境教学内容和教学媒体进行互动，这种方式可以极大地满足个性化和自主性的学习需求。生机多元互动以多媒体语言实验室、网络教室、基于校园网的学习平台等为信道载体。该模式能提供视频工具、知识建模具、形成性评估支持工具和信息收集等认知工具，帮助学习者完成问题求解任务。它延伸了学生英语学习的空间，为学生提供了个性化学习的良好环境，使学习资源更加丰富。在教师精心设计的导学计划帮助下，学生的学习既是自主性学习，也是交互性学习，学生的学习潜质可以得到前所未有的发挥。

三、互动式英语教学中的师生作用

（一）教师的主导作用

首先，教师在言语行为方面，要为学生树立好“顺应”典范，以充分发挥学生的主观能动性，激发学生课堂的参与意识与英语顺应意识。教师应具备较强的英语能力、较强的自信心以及有效的教学策略等，这些都能为学生的能力培养起“顺应”典范作用。其次，教师要为学生尽可能创造真实的英语顺应环境，如让学生接触地道的视听材料，让交际环境“自然化”。最后，教师应尽可能地将课堂内容真实化和实用化。教师在课堂教学中的作用是毋庸置疑的，要做到互动教学模式的有效运转，教师在教学中不再仅仅是知识的传授者，而更是教学活动的组织者、监控者、评价者、鼓励者和指导者，更重要的是，善于扮演好平等参与者的角色。

（二）学生的主体作用

英语语言运用能力的提高需要教师的指导，但更为重要的是学生的直接参与和实践。在互动式教学模式中，学生是参与者、合作者、竞争者与实践者。具体体现在：

第一，参与合作精神。在人们的社会交往中，语言交流是一种相互活动。这种活动是双向的、相互联系的言语行为。同样地，教学活动本身也应是互动性行为。语言教学的一个重要部分是学习者的主动参与。培养他们的参与意识需要三个基本要素：要为学习者创造一个比较真实的语言交际情境，以及相应的语言实践条件。要为学习者提供带有实际意义的内容与话题，激发他们的思想交流。学习者本身要有参与语言交流的实际愿望。在具体环节上，采用小组讨论、两人对话角色扮演、专题讨论、热点话题辩论、记者采访、模拟活动等多种教学方式，以教学方式的实践推动学生的主体参与意识，促进语言交流的互动作用。口语活动中，学生之间互相依存又要个人参与，以合作性集体活动为主，分组或分队进行，体现了参与合作精神，学生可以做到互相探讨，集思广益，取长补短。学生间的参与合作还可以加深彼此的了解，培养学生的责任感和独立意识，以及他们的语言能力的培养。

第二，竞争精神。在英语课堂活动中，学生互为对手，互为目标，彼此竞争。竞争能促进学生的上进心，能唤起学生的思维意识活动，能最大程度地发挥个人的主观能动性，以及增强自身的自信心。因此，在互动式教学中，学生之间彼此又是竞争者。

第三，学以致用精神。英语学习的过程，也就是新旧语言知识不断结合的过程，也是语言能力从理论知识转化为自动应用的过程，而这种结合与转化，都必须通过学生的自身实践才能得以实现。教学实践使人们认识到，学生是互动性语言活动的参与者和实践者，只有参与语言实践，他们才有可能掌握目的语。语言学习的最终目的是运用语言，其前提也是运用语言。只有当学生不断地实践，他们的语言运用能力才会得到不断的提高。语言只有在交际中不断地被应用了，语言才会更有生命力。教师应尽量地给学生创造英语实践应用的机会，从而使学生的交际能力得到锻炼与培养。

第二节　互动式英语教学方法的具体实施

一、互动式英语教学方法的实施程序

（一）创设情境

在传统教学模式中，为了充分利用课堂时间，教师往往开堂就讲，而学生英语学习积极性和主动性不强，为了使学生在进入英语课学习之前，保持一个积极兴奋的状态，如何在进入新课前更好地激发学生的学习兴趣，就显得尤为重要。因此，英语互动式教学应首先根据对教学目标和教学内容的整体把握，营造语境，以旧引新。可以通过提问设疑、自由讨论、角色表演、图像展示等创设交往互动和问题求知情境，营造英语氛围，激发学生的学习兴趣，使其尽快进入角色，全身心地投入语言实践和思维活动中去。然后通过所创设的与当堂课相关的语言情境导出新课内容，并明确学习目标，让学生明确本节课应掌握什么内容和应达到什么标准。

该环节主要是师生间的互动，实际上，是在引导学生的思维，促使学生产生期望、进取、达成目标的心理倾向，调动他们参与教学互动的积极性和主动性，让学生带着学习动机进入下一步的学习。

（二）自主学习

传统的教学模式中，学生只有静听的权利，而没有思考的自由，缺乏学习主动性。正所谓：授人以鱼，不如授人以渔。教师应该注重培养学生自主能动地进行学习的意识和能力，教给学生语言学习的规律和方法，要善于启发学生思考，为学生提供未来独立学习所需的技巧和能力。互动式英语教学把这视为必要环节，留给学生独立思考、自主能动学习的时间，允许学生根据自己的能力水平、个性特点，自主地、能动地、自由地、有目的地进行独立思考，自主尝试解决问题，突出个性化学习，真正确立学生的主体地位。

这个环节主要是学生与英文文本信息之间的互动，使学生通过独立思考，自主能动学习，将新知识与旧知识、纵向与横向知识，以及此类与彼类知识相互联系，造成认知冲突，形成独到的见解，培养他们独立思考能力和自主学习能力，提高学习主动性，并为下一步的合作学习奠定良好的基础。防止学生缺乏个人观点，使相互间的合作交流没有深度，流于形式。

（三）合作学习

传统的教学模式是填鸭式教学，以教师教为主，而互动式英语教学更注重师生、生生间的交流互动。合作学习这一环节是在学生自主学习、初步感知的基础上，开始合作互动。首先进行小组研讨，教师要根据学生的基础和自学情况，来确定适合学生知识水平的讨论主题和要完成的任务，明确要求。通过启发、引导和激励，让学生围绕中心议题，发挥想象力和创造力，尽情地发表和交换各自的观点，相互启发、检查交流，吸收完善，发扬团队精神，通力合作，力求出色地解决问题、完成任务。

小组研讨之后，是展示小组成果、组间交流的阶段。教师要采用各种激励措施，鼓励学生充分展示他们自主学习和小组合作中知识建构的成果，发展他们思维的深刻性与广阔性、灵活性与创造性。通过集中交流共同解决问题，积极主动地获取知识，这远比教师直接灌输要好得多，因为它能让学生充分体验成功的愉悦，保持旺盛的英语学习热情，激发内在的英语学习潜能。

此环节主要是生生间的互动，不仅使每一位学生都可以在课堂上大胆地、尽情地交换各自的看法，提高他们的自学能力和思维能力；而且在不知不觉中，学生的语言知识得以建构，语言应用能力得以提高，更重要的是，培养了学生团结、合作的精神，增强了英语学习的自信。

（四）点评归纳

传统的英语教学一般都是教师独自对整堂课进行点评归纳，而互动式英语教学引导学生参与这一过程，充分发挥学生的主体作用。在组间交流后，按一定的标准，通过学生自评、师生互评等手段，来对学生的学习成果进行全面、宏观、准确的评价。评价的过程其实就是对整节课反思的过程，在此基础上引导学生将各组的观点、答案进行整理、分析、归纳和概括，由此形成共识。总结时，按照本堂课教学目标，首先由教师引导学生总结，然后教师再单独进行补充归纳，总结知识和学法，使学生将所学知识主动纳入自己的认知结构中。此环节主要是师生、生生互动，能促使学生积极地思考，激发学生参与的兴趣，通过对当堂课所接触的新语言的反思、评价、归纳、总结，达到巩固强化和查漏补缺的目的。

二、互动式英语教学方法的实施策略

（一）情境创设策略

1. 通过提问创设情境

问题情境是知识产生的源泉。学习总是与一定的问题情境相联系的，在问题情境下进行学习，可以使学习者更好地利用原有认知结构中的知识和经验，去同化当前所学的新知识，从而赋予新知识以某种意义。在英语课堂教学中，教师要注意通过精心设计提问，调动学生的积极性，使其在积极思考的过程中调动原有知识，将“死知识”变成“活知识”。教师所提问题的质量及其采用的提问策略，直接影响学生回答问题的正确率，并关系到英语课堂教学的效率和质量。因此，应当注意以下几点：

第一，根据学生特点、教学内容、教学目标、教学环境，以及新知识与学生已有知识和经验的相关程度来创设恰当的问题情境。

第二，问题应具有启发性、思考性和挑战性，要能激发学生学习的兴趣和求知欲，启发学生思维。既要超越学生现有的水平，有一定的挑战性，又不能超越太多；既要有一定的发散性，能拓宽学生的知识面，又要注意不脱离英语教学目标。

第三，问题要具有一定的真实性和现实意义。

第四，问题要具有层次性，根据学生的认知规律，由浅入深地进行提问，能使不同层次的学生都有发挥的空间。

第五，注意提问类型和方式。要让推理性提问多于事实性提问，多给学生创造思考的机会；要开放性提问多于封闭性提问，使学生养成积极参与教学互动和用英语表达其思想观点的习惯。

第六，问题解决方式要具有多样性。例如，小组合作完成式、个体独立完成式等。

第七，对学生的回答要多给予肯定的评价。鼓励学生大胆提出自己的思考和设想，从而引发更多、更好、更切实可行的创新思考。

2. 设置疑点创设情境

“好奇”可以引发人的注意力，促使人完成许多超乎想象的事情。教师可借助学生的好奇心，在英语课堂互动教学中恰当地设计疑点和悬念，使他们迫切地想知道谜底，而又只能在一步步的教学互动中逐步解开疑团。教师通过在教学过程中设置疑点，吸引学生全神贯注地参与并完成全部教学互动。

(二) 自主学习策略

在互动式英语教学中，教师提出自学的内容和要求，教给学生自学的方法和技巧，然后由学生自主学习，让他们自己去发现问题、研究问题、探寻知识，为小组讨论做好准备。在这个环节中，学生以自学目标为线索进行阅读等活动。教师要相信学生，放手让学生进行自主学习和尝试，充分发挥学生的主观能动性，激发其学习潜能，让学生依靠自己的力量，去理解和掌握知识。教师在指导学生自学前，要详细了解和分析学生的知识能力水平及发展情况，这样，有利于因材施教。教师在学生自学时，不能袖手旁观，要深入指导和答疑，真正体现以学生为主体，教师为主导的特点。教师要对学生进行分类指导，对素质较好的学生，指导可适当减少，对中差生的指导应相应增加，尤其对差生要特别关心，帮助他们克服畏难情绪，增强自学信心。针对学生词汇量贫乏、阅读能力欠缺的特点，可以把预习全文，了解大意和结构，解决词汇，找关键句，思考问题，发现问题这一环节布置给学生自学，把自学成果问题等记录下来，在小组交流时，就可以发表各自的观点，提出存在的问题，互帮互教。此外，教师还要注意在教学中不断渗透自主学习的方法、策略，鼓励学生不管在课上还是课下，多进行自主学习。

(三) 合作学习策略

1. 小组研讨

小组成员在组长的组织下，共同研究探讨某一问题或任务，找出大家公认的最佳答案或解决方案。

2. 角色扮演

对于英语话剧或故事性较强的互动性文章，学生可以以小组为单位，首先，合作了解整篇材料的意义，逐步扫清语法、词汇障碍，然后，再按角色进行合作表演。

3. 组际交流

小组学习完毕之后，教师可以组织各小组之间展示交流各自的学习成果和学习心得，以便在更大的范围内开展合作学习。

4. 自评互评

组际交流之后，根据完成任务的规则和评价标准，各组首先对本组的表现进行自评并拉选票，再进行互评并投票选举出优秀组。通过自评互评，学生了解自己的不足，也学习到其他同学的优点，达到集思广益和更牢固地掌握知识的目的。

（四）点评归纳策略

在点评环节中，教师暂不评价，而引导学生相互评议。延缓评价往往能促进学生思维的广阔性和深刻性，而过早的评价，无论是肯定还是否定，都会抑制学生的灵感和创造性，学生对学生的评价，说明学生已经把自己融入英语教学中自主学习。在评价时，首先，要求评价学习的内容，以便学生了解自己小组的学习成果，自觉弥补缺陷与不足。其次，评价各组学习行为和效果，以各组“自主学习、参与程度、团结合作、学习效果”等指标进行考察。通过评价提高学生综合评述能力，同时，培养学生合作、竞争、个体化活动（自由发言）等各方面能力。学生互评后，由教师进行综合点评。在归纳讲解环节，引导学生按照学习目标，将各组的观点、答案进行整理、分析、归纳和概括，由此形成共识。然后教师补充归纳，总结知识和学法，教师讲解要做到画龙点睛，力求简要清晰，针对英语教学内容，根据学生合作学习情况进行补充、概括，帮助学生构建和完善知识结构。同时，培养学生正确的英语学习方法。

第三节　新时期互动式英语听说读写教学分析

一、新时期互动式英语听力教学

（一）互动式英语听力课堂教学的几个阶段

1. 前听阶段

前听阶段又可分为两个活动：准备活动和指导活动。准备活动的目的是通过文章的标题和生词、正文前的图画、启发性的问题或背景知识来激活学生先前的知识。指导活动的目的是让学生自己明确听力目的。也就是说，让学生明白他们将要干什么。在这个阶段，类推和预测是两种重要的策略。

2. 听的过程

在听力课的第二阶段，要设计听的活动以帮助学生形成积极参与听力理解的好习惯，而不仅仅是被动地听。听时还要运用好的策略，将听时的任务与前听的任务联系起来。学生在听时要牢记听的目的，教师要鼓励他们多听、泛听，这是为了帮助学生领会文章的要旨。学生要潜心听材料，对文中所说的话做出反应并做笔记，或者写下要理解的细节。教师要根据学生的反应快慢选择活动，活动既要适合材料的类型又要适合学生的水平。对学生来说，在发展听力能力的初级阶段，简单的活动比如列表或者给图片排序能够降低焦虑。水平高一些的学生可以完成较复杂的任务。在听的开始阶段，一个活动通常只设一个目的，这样学生才能好好练习某项技能，才能充分利用听力材料。随着时间的推移，则要设计可以训练多种能力的活动。

在听的阶段，图片提示和文字提示是外语学习者的两种重要资源。图片提示的种类有图片、曲线图、线路图、地图等，它们包含文化信息，可以帮助学生预测即将听到的材料的内容。听的时候，这些图片能加强听觉信息。文字提示对刚开始学习第二语言的人很有帮助，因为这个阶段他们听到的只是“声音”或“噪音”，而不是有意义的信息。文字提示可以让学习者在听的时候有一定的借鉴，有助于他们听懂。然而，文字提示对中等水平的学习者来说是一个阻碍，他们可能会依赖文字提示而懒得预测、猜测、推理、体验，听力训练也就失去了意义。

3. 后听阶段

听力理解的第三个也是最后一个阶段是后听，包括三类活动：理解活动、评价活动和创造活动。理解活动的目的是检查对语言本身的理解和对文章的解释。要求学生回答问题，检查他们的理解和记忆能力。为了让学生有机会在真实的环境中练习口语，教师可以多设计几类后听活动。创造活动的目的是让学生学会怎样用接受的知识去创造。后听活动能把学生带到一个更高的学习阶段。课外活动，比如听原音磁带、看电视及与英语母语者谈话，都有利于听力理解。

（二）互动式英语听力教学的有效形式——提问式师生互动

通过提问，刺激学生用英语进行交际，做好课前热身准备。教师根据课文内容及学生的预习情况，对学生较熟悉的课文内容，或感兴趣的话题，采用师生问答的形式开展教学活动。教师在设计问题时，应具有艺术性，努力构建一个充满人文关怀、人人感到轻松愉快、人人期盼参与的语言交际教学情境，建立起和谐融洽的师生关系，使英语学习过程生动有趣。学习内容力求与生活密切联系，在每节课前，可以就有关学校生活问题设计一些对话。通过挑选这些与学生密切相关的或他们感兴趣的话题，诱发学生交流的兴趣与愿望，教师与学生建立了关联，迎合了学生的实际情况和需要，培养了学生的交际能力。经过课前几分钟的“热身话题”之后，可以过渡到本单元内容的讲解上来。

讲解课文内容时，提问式互动教学主要有三个步骤。

（1）预习听力材料

在学习每一课前，教师应布置预习任务，让学生对文中内容进行合理的猜测。

（2）让学生分析听力内容

通过对听力内容的分析，要让学生不仅理解听力材料的含义以及语言点，而且应该能够列出文章的提纲，给出每段的主题大意，明白作者用了什么样的写作手法、修辞手段以及所产生的效果。教师在教学过程中，应该注意引导学生对听力材料的内容发表自己的见解，在这一过程中，教师应起到“引航员”的作用。同时，教师根据学生的口头表达，可以从中发现学生对语法、重要短语的掌握情况。

（3）巩固练习

为了确保互动式英语教学取得效果，还要进行巩固练习，巩固练习可以复述听力材料或讲述听力的摘要，还可以就文章的有关内容，组织学生进行讨论，甚至辩论。通过这样的课堂互动，既能促进教师积极地把学生纳入自己的教学活动之中，充分调动其积极性，又能促进学生的能动反应，使得师生在共同作用和相互促进中达到提高学生英语学习技能的目标。

（三）互动式英语听力教学开展的具体过程

1. 开始互动

课堂上任何时候都可以进行师生互动。但是，课堂刚开始的互动最关键。早期互动时教师能给学生介绍学习目标，让他们准备课堂中需要的语言或文化背景知识，让他们对相关主题做好计划，这对理解有帮助。教师可以进行以下活动。第一，教师事先准备一些具有文化特色的、有寓意的英语习语和句子，然后要求学生根据标题中所用单词或短语的使用条件猜测这些习语和句子的意思。第二，教师布置几个观察任务，让学生带着问题听。这样做不仅能激发学生想听的欲望，还能给他们提供一些关于全文含义的线索。第三，教师引导学生联想与主题相关的知识。第四，教师给学生一段有填空的英语材料，让学生阅读这些材料，弄明白主要意思，用他们自己的常识填空。

2. 学生与听力材料互动

在听的过程中，学生要不停地接收信息并做出反应，这时教师可以进行以下活动。第一，学生要找出一段录音的显著特征，比如具体的社会行为、文化背景或语言特点。第二，在听时，学生要做好笔记。第三，教师放录音时把录音中的一段抹去让学生试着配音。第四，教师在适当的时候暂停录音，根据前两步已经了解的信息让学生预测下一段录音内容，而不是让他们跟着磁带重复内容。然后学生会听下一段录音，确认或调整他们的预测。准确地说，学生听完一部分后，教师应停下来，让学生想象下段会发生什么，这样做学生的情绪会立即被调动起来。大多数情况下，他们的猜测互不相同。对他们这种积极参与的态度，教师应该给予表扬，然后让他们继续听录音材料，且听材料的不同部分。如果有录像机或其他的可视媒体，也可以让他们一个一个地看录像的不同部分，先按顺序进行，然后一段一段地听，穿插讨论。

3. 学生之间互动

观察是一个积极主动的过程。在这个过程中，观察者把所看到的与所知道和感觉到的联系起来，听力也是如此。因此，让学生们知道其他人可能有不同的观点，并让他们互相交流，这对听力是很有帮助的。可以让学生分享各自的观点，讨论观点的相同点和不同点。此外通过合作和竞争，可以学会组间合作或配对的技巧。教师可以进行的活动有以下几类：第一，让学生讨论对听力材料中角色的态度、对对话的分析，讨论对下一段的预测。第二，让学生按顺序表演录音材料中的内容，并且可以表演听力材料的一部分内容。第三，教师把录音分为两部分。一半学生听第一部分，另一半学生听第二部分。然后，教师安排学生配对完成整个故事。学生可以讨论录音材料中的某一主题，还可以让四个或五个学生为一组，不同的组听不同的部分，归纳出所听部分的主要意思，然后报告给另一组，最后组间合作构造一个完整的故事。

4. 师生互动

与上课时开始的互动不同，师生合作达到最终目的的过程，必须有反馈，包括学生给教师的反馈及教师给学生的反馈。总的说来，学生不仅可以以正确回答问题的形式，还可以以报告、讨论、角色扮演及其他的活动形式，报告他们与同学互动的结果。然后，教师对学生的表现做出简洁、积极的评价。教师的评价对学生参与积极性的调动与维持至关重要。

在听力课快要结束时或课后，学生可以一遍一遍地听录音，巩固、加深对听力材料的理解。在这一阶段，学生自由选择听什么、怎样听。

总而言之，如果教师能成为活动的激发者，而不是机械的操作者，就能够快速提高学生的英语听力能力。学生不做被动的听众，不仅接收来自录音的信息，也接收来自教师和同学的信息。教师要不断地肯定学生的表现，立即反馈，这对学生的语言学习极为有利。

二、新时期互动式英语口语教学

（一）互动式英语口语教学的特征

1. 参与性

参与性是互动式英语口语教学的一个重要特征，它通过关注教师与学生的双向交流，充分调动双方的积极性和主观能动性，活跃课堂气氛，实现教与学双方的最佳效益。

2. 探究性

对具体问题的探究将贯穿整个教学过程。学生在研究材料和信息的基础上发现问题，提出解决方案并实施行动。如果没有问题的探究，学生就不可能主动积极地参与，独立思考能力、创造性思维就得不到发展。所以，教学过程中教师应当鼓励学生独立思考、积极探索、提出独到的见解设想和策略，促使其在互动中不断开阔视野。同时，教学内容应与学生的学习、生活和今后社会交际实际相结合，重在培养、发展其口语交际能力，切实体现出基础性和发展性的统一。

3. 民主性

师生间有效的合作互动，只有在民主的环境与氛围中，才能真正得以体现。学生只有在自由宽松、愉快和谐、没有任何形式的压抑与限制的环境下，才能自由地思考探究、毫无顾虑地质疑提问、发表己见、大胆自主地实践，创造性地去解决问题。形式多样的口语交际情境、和谐民主的课堂氛围，能让学生轻松自由地进行口语交际。要增强学生的生活体验，就需要特定情境的创设，激发思维与口语表达的环境条件和动力源；和谐民主和轻松自由的课堂氛围，则是促使其大胆进行口语交流的有力保证。因此，在教学过程中，教师应尽量依据教学内容，合理地模拟社会生活实际，创设真实的交际情境，形成良好的课堂气氛，让学生在自然的情境中产生交流欲望，大胆自由地参与。长此以往，学生的个性与创造思维能力才能得到充分的发展，从而提高教学效率，达到口语交际练习的要求。

4. 开放性

互动式英语口语教学应是不拘泥于课堂与课本、时间与场所和某种具体的教学方法，而应具有全方位开放的特征，形成双向或多向互动的交际方式，这是口语交际练习区别于听说机械练习的一个显著特征。口语交际是交际往来中人与人之间交换观点意见，交流经验成果及情感的过程。无论是何种待人接物的活动，都要有交际对象、形成交际关系、构成双向或多向互动的交际方式，才能够顺畅进行。所以，师生在教与学的过程中，要具有双重的角色意识，注重角色的转换，不能只局限于教师指导点拨。师生间构成教与学的双边关系，要关注其多样性，即师生间、生生间同样要像日常社会口语交际一样，互为交际对象，形成交际关系，同时需要模拟生活实际双向互动地进行操练，从而真正体现口语交际练习的特点，切实锻炼和发展学生的口语交际能力。教学过程中需要有大量的操练时间，并关注训练形式的多样性，尽可能地提供机会增加个体的参与量，在动态的口语交际实践中，反复经历与体验，训练并提高思维的逻辑性、灵敏性与深刻性，使语言表达更具机敏性、规范性、条理性，不断获取真知、提高能力，逐步形成良好的语言交际态度与习惯。

（二）互动式英语口语教学的有效策略

1. 课堂问答

在课堂教学中，对于课文内容的理解及课后一些易于口头表达的问题，可以采取教师提问学生回答、学生提问教师回答、学生互相提问的形式，还可以采取共同商讨的方法，来寻求正确的答案。学生可以从课文中找出原句子或者词组的固定搭配，来组织成自己的句子回答问题。这样形成的句子错误相对较少，能够增强学生开口讲英语的自信心。在教学活动中，教师可以切实地为学生创造口语练习的机会，同时，由于受分数的限制，迫使学生从被动的语言知识灌输对象变成教学活动的主动参与者。学生会分出一定的课外时间预习课文，并对可能提出的问题进行准备和练习。互问互答的过程，既有利于学生对课文的理解，又使师生之间处于和谐的英语会话语境之中。

2. 互动趣味语言活动

兴趣是最好的老师，有趣的语言活动，不仅可以大大增强学生学习英语的兴趣，而且激发学生的责任感、个人创造能力、信心和独立思考能力。在英语口语教学中，教师应采取灵活多样的方法，把内容丰富有趣的课堂活动开展起来，使得学生积极参与各项趣味活动、轻轻松松开口讲英语。课堂活动多种多样，可以使课堂气氛活跃，内容丰富有趣，使不同程度的学生都能参加到活动中去。练习口语的教学活动，应包括课前讲英语故事、听唱英文流行歌曲、朗读名篇段落等，课堂上可以根据课文内容开展角色扮演、情境对话、专题讨论等活动。同时，可以利用网络等现代化教学手段，为学生播放英文电影和精彩的英语辩论赛。在学生观看的同时，鼓励他们模仿精彩的语言或对白。语言教学应尊重和重视学习者，把学习和自我实现结合起来。在教学中，教师采取互动式英语课堂教学模式，使教师处在与学习者合作、互动的位置上，给学生一定的权力，营造并保持一种良好的学习氛围。通过师生互动、学生与学生互动，满足学生英语口语练习的需求，有利于学生提高英语学习兴趣和语言交际能力。

3. 师生互动情感交流

人本主义的学习方法强调，在教学过程中应把学生作为一个“完整的人”来看待；教师与学生的关系应是合作者的关系，不应有上下级之分。在英语口语训练中，学生应成为活动的中心，教师应该是一个指挥者、引导者、激励者，更应是一个合作者。教师要坚持情感教学原则，包容学生的口语错误，帮助学生解除心理压力，让学生能够轻轻松松、毫无顾忌地说英语，并积极与教师用英语交流情感。教师有必要从课文中找出一些与学生生活密切相关的事情、时代性较强的问题和中西文化的问题，师生互相发表一些看法和对问题的见解。教师有必要讲一些自己的生活经历，并了解学生的某些生活细节，在英语口语对话中，促进师生了解和情感沟通。在课间休息时，教师与学生可以用英语闲聊，谈话内容可涉及生活的各个方面。这样便于师生情感交流，又使学生讲英语的气氛变得更加宽松和谐。

4. 小组讨论

在互动式英语口语教学中，教师是学习活动的鼓动者和参与者。形式多样的课堂活动，如小组讨论、辩论、扮演角色等，可以激发学生学习英语的兴趣，促使学生积极思考问题，自觉参与。小组讨论更加有利于学生英语口语水平的提高，教师可以将班级根据就近原则分成有固定成员的若干小组，让学生就某个问题发表见解。为了便于学生讨论，可以提前给出讨论的题目，要求学生阅读相关的文字材料。在讨论活动中，学生的注意力应放在如何围绕主题发表见解，而不是语言的语法、发音等错误上。学生开展对话活动时，教师应在教室巡视，观察学生讨论的情况。当学生的讨论冷场了，或者学生忘词了，教师可对他们进行鼓励或提示，使讨论活动顺利进行下去。每位学生可以分配给不同的任务，如小组主持、秘书、发言人、总结人等，每次任务更换，这样使得性格内向或口语表达能力差的学生，有机会发言，逐渐树立自信心，积极参与活动。讨论结束时，教师应倾听各小组的讨论结果，并提出优缺点，使学生对自己的成绩始终保持清醒的认识。最后，教师根据每组的不同表现给出小组整体成绩。当小组成员各有自己的任务时，会增加对活动的参与意识。同时，在小组讨论中还可以加强学生的团结协作精神。

三、新时期互动式英语阅读教学

（一）互动式英语阅读教学的实施原则

1. 让学生参与阅读教学的整个过程

传统的阅读教学注重的是教师一方的“动”，学生只是被动地听与记。由于学生在课堂中学习的内容主要是他人（包括教育工作者和教师等）预先选定的知识，学生未必能够体会到学习的必要性以及所要达到的目标。尤其是大学生，他们的学习行为多受直接兴趣的制约，学习兴趣不稳定，而且多数缺乏学习动机。没有要求学习的内在愿望，当然就不会产生积极的学习行为。所以，应该把阅读教学活动看成一种特殊的交往活动，这种活动不仅是动口、动手，更是动情、动思，把肢体的动与思想感情的动联合起来。在阅读教学中教师要尽量设置一些利于激发学生学习兴趣的活动，比如联系教学和学生实际的讨论，根据课文内容分角色朗读、表演，再现课文情境的绘画，引人入胜的讲述，等等。学生动起来，才能实现师生与生生的互动。

2. 教师通过引导与启发，协助学生自主建构新知识

互动教学的目的，不是使学生掌握固定的知识内容，而是让学生利用自己已有的经验去感受、理解知识产生和发展的过程，使学生头脑中的已有经验与“新知”产生相互作用。这一过程，不仅有利于实现有意义的学习，而且还有利于学生在此过程中了解到解决问题的方法，获得科学的方法和解决问题的情感体验。但是，学生的年龄和心理特点决定了他们的知识与经验不足，这就要求教师能够在他们的“新知”与“已知”之间架起一座认知的桥梁，通过启发、引导使学生茅塞顿开，能够自主感悟、体验英文文本，并在这一过程中获得知识，学会阅读的方法和技巧，到达知识的彼岸。

3. 通过反馈和矫正，促进学生学习和发展

可以借鉴布卢姆（Bloom）的学习策略，其实质是进行群体教学并辅之以每个学生所需的频繁的反馈与个别化的矫正性帮助，在保证教学质量的同时，提高教学效率。这种不断的反馈和反复的矫正，可以增强互动的效率。但这种策略的不足在于，单纯强调外来的评价和教师对学生进行矫正。互动教学则主张，在教师的评价和矫正的同时，加强学生的自我反思，强调同学之间对信息的反馈，相互评价。这是提高学生阅读效率和整体素质的有效方式。

（二）互动式英语阅读教学策略的构建

学生主动参与英语阅读教学课堂活动的因素大致分为三点，这也是互动式

英语阅读教学策略构建的三大出发点：一是自然的兴趣点，二是问题紧张感，三是较易获得的成就感。

1. 自然的兴趣点

就自然的兴趣点来说，互动式教学应用于英语阅读课堂，要先从学生各自的兴趣出发，从而在应用中完成课堂结构的创设与实施。这就要求教师掌握每一名学生的兴趣，挖掘每一名学生的潜在兴趣，将这些兴趣点集中起来归类与整合，并将其中最为大众化的兴趣点与所学阅读知识、阅读材料的讲授结合起来，使一切整合发挥作用，激发学生的学习热情。因此，基于这一要素，在大学英语阅读课堂中，互动教学策略的应用，表现在以下方面：如果所讲的阅读知识与电影相关，那么教师就可以设置电影方面的问题，引导学生进行讨论。在讨论过程中，尽可能地要求学生用英语进行表达，尽可能地使其积极地参与阅读学习。同时，还可以根据电影这一主题引发电影的主题曲话题，可以通过多媒体设备，将文中所提及的电影，或是最受学生喜爱的电影主题曲，在课堂上播放出来。以此方式进行大学英语阅读课堂教学，学生的注意力不易转移到其他方面，绝大多数学生会有参与的热情和高涨的求知欲。他们因自己的兴趣被融入英语阅读教学中而找到一种存在感，这种存在感能让他们积极主动地投入学习中来，而教师也会渐渐发现，在自然兴趣点的基础上所产生的互动，是一种以真实热情为基础的互动，既不机械也不牵强，自然会产生一种水到渠成的教学效果。至少，从表面上看，以自然的兴趣点为基础所创设的互动教学环境，是维持课堂热度、维持学生与教师热情的大方式。当然，这一方式也有其缺点，一则学生的兴趣点不一定十分一致，当遇到相对陌生或不十分受欢迎的阅读内容时，单一地以兴趣作为支点太过于冒险，很容易效果不佳。二则过度挖掘学生对于不同话题的不同兴趣容易浪费时间，而且不同地域的教学环境不同，如果教室设施不齐全，那么这种方法很容易受到冲击，或无法实施。因而虽然这种方法能够发挥效用，但有其局限性，需要得到进一步的改进与补充。

2. 问题紧张感

就问题紧张感来说，互动式教学应用于英语阅读课堂，针对这一方面的互动策略可能更为容易应用。游戏或许不会带给学生紧张感，但问题一定会带给学生紧张感。提问是教学的基本手段，虽然对学生而言存在潜在的压迫之感，但的确也是被科学观点认可并接受的一大方法。提问的方法不仅可以应用在大学英语阅读教学中，而且也适用于各大学科。不同教师对于设计的问题有所不同，却又大致相同。不同学生对于问题的应对感受有所不同，却基本相同。心理学家研究发现，即便是公认习得程度良好的学生，面对提问时，也会呈现出相应程度的紧张感。一个恰当问题的设置，能够让学生在应答问题出现了紧张感之后，体会到成功回答问题的满足感。这种满足感能够反作用于学生，使其对英语这一学科产生一定程度的兴趣点，这就形成了英语阅读习得的良性循环。相反，如果教师对设计的问题有不足或不够符合课堂内容，就会使学生仅仅感受到紧张感，而感受不到满足感。久而久之，这样的问题设计反而会打消学生英语阅读的积极性，起到适得其反的效果。所以，基于问题紧张感而形成的提问式互动教学策略具有多重功效，但在其应用于大学英语阅读教学过程中，问题的设置以及问题的提问方式，仍然是每一位教师在英语阅读教学中要关注并重视的一大话题。

3. 较易获得的成就感

从较易获得的成就感来说，基于此因素基础上的互动式教学可以大致分为两种。一种是最为常见的游戏式互动，因为游戏之所以被称为游戏，关键在于轻松感。当学生因课堂上凝重或严肃的气氛产生紧张感时，游戏可以带给他们适度的放松和较易获得的成就感。且科学实验也证明，青少年对游戏的好奇程度更高，尤其是对大学生来说，适当结合课堂需要，结合所学阅读内容，采用游戏的形式加以辅助教学，对他们兴趣的培养和注意力方面的集中是有益而无害且能发挥功效的。但落实到英语阅读课堂上时，教师要注意的是对学生在这一方面的正确引导，避免其无视课堂，同时也要掌控好游戏的时间，不能一味地让游戏成为课堂活动的重心。另一种是相对简单问题的提问与互动，这种情况下，教师提出的问题要保证大多数学生都能够作答，这样学生才有可能产生成就感，同时，教师要摆正心态，不吝惜对学生的适度赞美与表扬，这也会增加学生对英语阅读的兴趣。大学英语教学中，偶尔有一些相对浅显易懂的文章，如果教材中没有这类材料，教师可以适度地用一些能够提高学生自信的课外阅读材料，来帮助一些学生提升自信心与成就感。

四、新时期互动式英语写作教学

（一）不同阶段的互动式英语写作教学分析

1. 写作前

写作前是第一个阶段，即准备阶段。这个阶段主要有三个任务：划分小组成员并确定主题、收集资料、学习基本的写作技巧。在这个阶段，教师要充分发挥主导作用。在传统的课堂教学中，学生的座位总是按前后顺序列成几排，后排的学生只能看见前排学生的头，这种设置方式使学生之间缺乏必要的交流和沟通。因此，在互动式写作教学中，学生座位的设置非常重要。在活动之前，教师可根据人数，把学生分成几个小组，每组 5 至 6 名学生，小组成员各自担负一定的职责，如发言者、记录员、主持人、检查员等。为了方便学生的交流，在互动式写作教学中，教师可以把学生的座位排成圆形。在学生落笔开始写作之前，教师要指引学生进行前期相关工作的准备。

首先，教师要精心选择作文题目，所选题目既要与学生的学习和生活密切相关，又要让学生感觉有话可说。

其次，教师应组织学生一起阅读作文题目，给予学生讨论和思考的时间，提供学生之间互动的机会，针对主题，提出引导性的问题、列出要点等。学生可以通过阅读范文来收集资料，因为阅读范文能够扩大和启发学生的思路。在阅读的时候，学生要学会分析和判断，积累素材时，要认真思考和抉择。学生还可以利用网络资源来搜寻材料。

在写作前阶段，教师应当指导学生了解体裁的类型与文章的主要作用。有别于其他语言，在不同交际场合下，英语的使用风格不尽相同。不同体裁的语篇模式可分为四大类型：一般特殊型、问题解决型、设定真实型、匹配比较型。而使用的体裁则涉及说明文、议论文、实验报告、科学论文、书信、记叙文等。对学生进行语篇分析观察能力的培养，能够使他们从微观角度对语言篇章进行理性把握，从而降低学生语篇的认知障碍。

2. 写作中

在经过写作前的准备活动之后，学生进入实际写作阶段。此阶段主要的活动有打草稿、评改、重写。在课堂教学中，教师必须能够有意识、有目的地进行角色之间的转换，激发学生间的互动活动，调动他们的参与意识，使学生成为课堂教学的主体。课堂上，教师要组织学生对写作前收集的材料进行筛选，因为收集的材料不一定都能用上，要选取那些有价值的信息，告诉学生在写作时不要担心问题的出现。当学生独自完成初稿后，教师提供评分标准并组织学生进行修改。许多学生没有掌握修改的技巧，也不知道怎样才能修改好自己的作文，更谈不上能对别人的作文提出建设性的修改建议。因此，在课堂上，教师可以进行具体的示范，让学生明白，修改应从哪些地方入手，才能进行有意义和有成效的修改。写作评改包括以下几个步骤。

第一步，自我修改。指的是来自学生本人个体的反馈，换言之，就是学生根据学习过程中出现的错误，进行自我的检查、辨析和订正。学生阅读自己的文章并进行修改，可以从以下几个地方入手：单词拼写、标点符号的选用、段落、文章的层次结构等。

第二步，同伴互改。同伴互改的含义是指在学生之间或小组成员之间，彼此对同伴的作文提出修改建议，同伴互改的根本宗旨是让学习者通过必要的交流完成写作任务，充分发挥他们在学习中的主体作用。学生写完作文之后，首先与同桌同学交换、互相修改。学生把自己的作文交给同伴，这是他们的作品第一次见到读者，也是第一阶段工作的延续。学生相互修改，既要检查并指出同伴的作文中出现的问题，也要肯定文章中出现的经典句子。通过对对方的作品做出反应，可以从中看出第一阶段的学生自我评估工作做得成功与否。这里的同伴互动，既是行为互动，也是思维互动，既促进了学生间知识的交流，又加深了他们的情感融入。

第三步，小组评改。这项评改工作可在组内和小组之间进行。教师在小组评改前，先公布本次评改的侧重点。小组的每一个成员轮流朗读自己的作品，使自己的作品与更多的读者见面。小组作为一个团队，共同评议每位成员的作品优缺点，可从几个方面入手：寻找作文的主题句、作文的逻辑顺序、文章的立意与选材、发现习作中的优缺点。最后把小组成员的意见进行汇总，并给出分数。等各个小组都完成任务后，再进行小组之间的交换，以便得到进一步的检查和修改，修改后上交给教师。因为学生互评是在平等的基础上进行的，有助于消除学生在交流时出现的焦虑情绪。通过小组互改，能创造出更积极有效的课堂气氛。写作成为同学之间交流和沟通的桥梁，而不再是等待教师评语的艰巨任务，这对于学生来说，能够从心理上更加容易地消除他们的写作畏难情绪。

3. 写作后

在学生经过相互评改之后，教师要及时收集学生的文本进行检查，根据学生互评的结果进行讲评和总结。教师对学生在互评过程中出现的共性问题加以分析和总结，引导学生对出现问题的形成原因做进一步深入的认识，以及提出避免问题产生的有效方法，保证学生的互动活动得到及时的反馈和指导。最后学生在修改的基础上进行重写。在评价过程中，教师应对学生多一些关爱、鼓励，帮助学生认识自我，建立自信，让学生在教师的指引下，愉快地进行英语写作，提高写作兴趣。

课后反馈属于写作后的一个关键环节。批阅学生习作，是教师与学生进行交流的好机会。教师可以直接对文章进行批改，纠正语法、表达、结构等错误。同时，互动式写作模式强调学生也可以在文中标出写作过程中的疑问之处，让教师进行有针对性的批改，并将结果及时反馈给学生，让学生及时了解到自己写作中的弱点和问题所在，并及时纠正。只布置题目，不及时反馈，会极大地降低学生写作的积极性，同时，也是对写作本身价值的一种浪费。反馈应该点面结合，既注重语言、语法等细节，又注重篇章结构、总体思想表达等，从而让学生加深对各种写作差错的认识，让出现差错的学生从差错中学到东西，避免以后再次出现。

（二）互动式英语写作教学的具体应用策略

1. 输入教学和输出教学齐头并进

当前的英语教学片面注重输入教学，弱化了输出教学。目前，许多英语教学忽视了写作教学，造成了英语教学单脚走路的局面。通过互动式英语写作教学研究，应当更清楚地认识到，输出教学与输入教学同样重要。输入教学可以使学生积累大量的语言知识，为学生的语言输出提供了可能和保障。而写作作为输出教学的重要组成部分，可以让学生注意到自己具备的语言能力和想要表达的目标语言之间存在的差距，进一步促进学生主动积累语言知识，从而提高输入教学的效率，两者相辅相成，缺一不可。互动式英语写作教学激发了学生的英语写作兴趣，提高了学生互助合作的学习策略，增强了学生写好英语作文的信心，提升了学生的英语写作水平。因此，英语教学应重视写作教学，积极开展写作教学研究，补上输出教学的短板，让输入教学和输出教学齐头并进。

2. 关注学生的写作过程

在写作教学中，应强调交互学习、协商合作和即时监控。学生每一次的英语写作都要经过写前准备、写作和修改这三个阶段。教师要注重生生互动的质量，切实发挥小组合作学习的作用。同时，教师要给予学生必要的帮助和支持，特别是要给学生的习作进行及时反馈，最好能进行面批，鼓励学生多次进行修改。尽管在教学过程中会花费教师大量的时间和精力，但是，却能实实在在提高学生的写作能力。教师教得越认真，学生的语言能力也就越能快速提高，学生也就更加喜欢英语写作。

3. 批改作文形式多样，并建立有效的反馈机制

英语教师教学工作繁重，作文批改耗时久，学生不能及时得到反馈，这是造成目前学生写作水平低下的一个重要原因。教师批改重点通常在语法纠错上，往往忽视学生作文中的闪光点，久而久之，学生或失去了写作的兴趣，或语法错误减少了，而内容结构却是干巴巴的，没有光彩。为建立有效的作文批改反馈机制，教师可采取多种形式：第一，教师亲自批改、讲评，再让学生改写，使学生有改正提高的机会。第二，以学促学，把学生分为若干小组，每组学生就作文进行讨论、批改，有争议的地方咨询教师。这样，可大大提高学生的积极性，达到互相学习、相互提高的目的。第三，学生助教制。有的学校在四级备考中，为减轻教师工作负担，从英语专业学生中挑选出一些成绩优秀、工作负责、写作能力佳的同学给每个班的英语教师做助

教，职责是批改作业。如果教师没有足够的时间对学生的作文进行全批全改，就可以部分地让助教批改并记录学生写作情况，书面报告给任课教师。第四，个别交流。学生可以以任何形式与教师交流，包括网络沟通，如电子邮件、QQ、微信等。

第四章 新时期生态化英语教学方法研究

生态化英语教学是指在英语课堂教学中坚持以学生的发展为主题，课堂生态因子之间的协调和运作，从而产生相互激发、共同参与合作的学习环境，新时期生态化英语教学方法多样，因此，本章将主要针对新时期生态化英语教学方法展开研究。

第一节 英语生态教学的内涵与特征

一、英语生态教学的内涵

（一）生态语言生成观——突现论

近年来，突现已逐渐成为复杂性科学和语言学研究的一个前沿和热点话题。近年来，我国哲学研究人员将突现理论归纳为专注的视域。2006 年 12 月，国际权威期刊 Applied linguistics（《应用语言学》）出版了一期有关突现理论的专刊，标志着突现理论开始进入语言学应用研究阶段。然而，迄今为止，突现的概念还处于争论之中。突现一般是指在复杂系统的自组织过程中突现出新的、和谐的结构、类型和性质，相对于微观过程来说，突现是在宏观水平上出现的现象。通常把突现定义为来自许多参与者的相互作用的系统整体行为，它不能从系统中单个部分的知识中预测甚至想象。

语言是一个多主体的、复杂的、动态的、适应的系统突现出的特征的总和，语言学习是特征突现的过程。语言这个复杂系统是由有交流愿望的人与被人讨论的世界在互动中生态地构成的，并且它是一个在不同层次、不同集合和不同时间范畴不断适应的复杂系统。具体的语言如何突现呢？关于语言突现尚无完整的描述，但突现论已对很多语言现象进行了描述。人类的发音过程主要包括舌头、喉头等发音器官的协同运动。音系结构就是对声道的生理制约而突现的。经连通论的网络结构进行的实验表明，很多儿童早期的发音特点都是从这些网络加工材料的过程中突现而来的。有研究证实了儿童学习新词是“在一般的学习过程中使用特殊的学习机制”进行的。之后，经过一系列的相关实验，研究结果表明，在语言学习的初期，儿童遇到新词时，仅仅是通过瞎猜来解新词的词义；只有具备一定的词汇知识以后，儿童才能有倾向性地猜测词义；当儿童这种猜词能力突现时，儿童使用语言框架猜测新词词性的能力才可能得以突现。另外，有人使用同样的方法，发现儿童在学习句法形式时，依然是在词汇学习过程中突现的。所以，他们提出了“语法是从词汇中突现的”这一遭受质疑的观点。

20 世纪 80 年代，语言学习突现论开始出现。该理论认为，“语言表达是从大脑到社会各个层面相互作用而突现发生的。当人类暴露在作为社会环境一部分的语言材料中时，简单的学习机制就在从感知、肌肉运动到认知的各个系统中及各系统间运行。这就足以促使复杂的语言表达突现发生。”语言学习是一个复杂的多种元素在各层次上突现的动态过程，发展则是突现的过程。有理论认为，语言结构是在社会模式、输入模式和源于认知的生物学压力三者相互作用下出现的，而二语习得突现理论者认为，语言是其相互作用约束突现的结构。突现理论者认为，语言学习和语言使用应被理解为一个复杂的动态程，该过程的系统规则起源于使用该语言时人、大脑、自我、社会和文化的互动。

（二）生态语言学习过程观——多维时空的流变性

空间有三个维度，即长、宽、高；时间也有三个维度，即过去、现在和未来。空间的三维度是大家都非常了解和熟悉的，然而时间的三维理解尚未引起人们足够的重视，因为人们常常以自然时间遮蔽了人文时间和心理时间的光芒。其实，从人文角度和心理视角都能观察和体验到时间的这三个维度，即现在、过去和未来，也能确认三者之间的区别与联系。离开了时间的三个维度，就谈不上时间流程和时间观念；就人文时间中的历史时间而言，可以划分出古代（包括远古、中古和近古）、近代、现代和当代的时间间隔，虽然学界热衷于后现代，但后现代并非时间概念，而是价值取向问题。人文社会科学不但涉足过去和现在，而且还论及未来。比如说，历史学、人类学、社会学等学科都对历史、文化和社会的未来有所预期或进行预测，新兴学科未来学更是以预测时间坐标的未来为己任。就心理时间而言，现在经常与当下、目前、此时、此刻的观察感知活动和生成的映像等相联系；过去往往同回忆、回想、回顾、怀念或缅怀之类的心理状态或心理活动的意向性对象有关联；未来则和预测、期待、期望、企盼、展望、憧憬，甚至预知、先知等心理活动的意向性对象息息相关。

普通语言学研究一直以时间和空间作为语言研究的重要切入点，但自历时与共时语言学研究以来，语言学对语言的时间和空间理解皆有偏差。因此，有学者引入时空观对语言学进行时间和空间的整体性研究。时空观将时间和空间作为语言系统整体性存在必要组成部分进行理解。在时空观中，时间和空间必然被理解为概念的存在。它们之间的概念也只能从语言系统整体性生态存在中获得和体现。通过这种观点来认识语言，我们可以从时间和空间的不断交融过程中来追溯语言及语言流变现象之间的关系，进而揭示语言时空结构统摄之下的语言自身特有的流变性，以语言流变自身所彰显的时空特性来解析语言流变的过程状态，强调从语言流变的个体状态和现实状态入手，更好地探索和理解语言整体状态的流变及其规律。流变性是指物体在外力作用下表现出来的变形性和流动性。语言的流变性则指语言存在的三种不同过程状态的发展：恒定态，即语言流变过程中在某个相对固定的时间内所处的平衡态和稳定态；发散性变化状态，即人类语言流变过程中绝对的运动变化状态和不平衡状态；周期性变化状态，即有规律可循的语言流变轨迹。

生态语言教学观从时空观视角认为，语言学习在时间上具有显著的流变性，如现时英语学习模式必定为先前母语学习模式的复制和改造，同时之前学习这些语言所形成的思维和经验，必将构建自身学习图式并影响往后语言学习的经验和思维。依此类推，将来心智结构投射能力，必将由现有经验和能力决定。因此，语言学习分维模式是前有各种规模水平的现象和事件的复制与投射。另外，语言学习在空间上亦表现出其流变性。综上所述，语言学习不仅是学生成长的社会文化环境流变的结果，更是学生成长经历及其母语学习经验的再现和改造过程。也就是说，语言习得是学习者语言学习时间和空间多维立体流变的结果。

（三）生态语言学习者与环境关系观——符担性

吉布森（James J. Gibson）在探索自然界中生物的知觉行为之间关系的研究中，从生态心理学的角度分析了动物与栖息环境之间的共存关系，企图解释动物如何借由直觉判断能否供给他们的生活所需之栖息、营养取得、饮水、自由移动等功能，再根据这种判断进一步采取行动，达到生存、繁衍生命等目的。在这种过程中，他认为自然界环境中的所有物质本身的物理属性的组合能与生物之间存在着某种对应关系。当环境中的物质存在着某些物理性组合，这种组合就自然形成一种特质，能让某类动物借由特定的行为达成某一功能。这种物质具备的特定物理条件与生物之间的对应关系也就是影响生物的知觉行为的重要因素。借由这种自然对应关系的存在，生物能判别环境所能提供的功能，进而对环境做出适当行为，这种环境与生物的对应关系形成了符担性的概念。但是，当时对于该种环境与特定动物之间的对应关系，并无专有名词对其进行描述，故吉布森就创造性地运用了符担性这一名词。

从此以后，有更多的学者、专家立足自身的研究对符担性进行了不同的阐释。生态学者大多把符担性理解为关系、可能性、机会、直接性或者互动性，基于不同生物对同一生态环境符担性的不同理解，生态语言教学专家认为语言本身就与使用该语言的人和世界具有生态的相关性。因此，语言教学应该考虑到不同学习者在学习环境中对语言符担性的理解。

故此，现代语言教学应该从强调语言的输入性转移到注重语言的符担性，因为根据输入的观点，语言被仅仅看作是固定的语码，而学习只是被当作记忆的过程，从而无视学习者对语言符担性的生态理解。

二、英语生态教学的特征

在传统思维方式下，英语教学研究走向几个极端：要么从人—主体的角度出发，偏向极端的主观性，过度强调人的自主性、自觉性和能动性；要么从语言—客体的角度出发，囿于纯粹的客观性，消极看待人的他主性和受动性；要么从环境—外在的因素出发，侧重外因的决定性，无视语言的生成性和学习者的流变性。生态语言教学模式是在批判继承传统教学理论发展而来的社会文化理论的基础上逐渐形成的，从多视角考查了语言学习中学生、语言以及语言学习环境的相互作用及对语言习得的影响，创造性地引进了突现理论，对语言及生成观进行了全新的阐释，借由符担性将语言学习者与学习环境观统整起来，并把语言学习过程观理解为多维时空尺度的流变性，从而对语言教学与研究进行了全方位和生态的阐释。因此，该模式在布局上全面、整体地考虑了语言教学的语言、学生、教师和环境等因素及其相互关系，基于我国语言教学的具体国情，辩证地考辨了我国语言教学及其语言教学政策的关系，具有包容百家、着眼于学生自身发展的特点。

（一）整体相关性与动态平衡性的统一

学习发生的每一个背景中都包含了一位学习者、一位教师、一个背景和学习的信息，因此，学习发生在一个生态系统之中。英语教学是一种复杂的社会现象，需要对语言、语言学习者、语言学习者与学习环境的关系及教师的教学及评价都做一个全面、通盘的考量。

英语教学生态模式不是一成不变的固有模式，而是与时俱进的动态发展的语言教学模式。生态英语教学模式的动态性首先表现在学生语言学习的时空流变性：在生态英语教学模式下，学生语言学习在时空上具有显著的流变性，如现时英语学习模式必定为先前母语学习模式的复制和改造，同时之前学习这些语言所形成的思维和经验必将构建自身学习图式，影响往后语言学习的经验和思维；依此类推，将来心智结构投射能力必将由现有经验和能力决定。因此，语言学习分维模式是先前各种规模水平的现象和事件的复制与投射。英语教学生态模式会随着语言教学生态环境的改变而做出相应调整，特别是多样化的教学方法具有很强的适应性。因此，英语教学生态模式首要的特性就是整体相关性与动态平衡性的统一。

（二）多元共存性与和谐共生性的统一

英语教学是植根于中国社会文化语言生态环境下，母语为汉语的英语学习者以英语语言知识为载体，以英语教师为引导，在理解和接受英语语言异域文化的基础上，构建了英语语言概念体系，培养了英语为母语使用者语言与思维“天人合一”的思维方式，促进了学习者主体全面发展的动态、统一、和谐、平衡与循环的互动交往活动。英语教学定义的前提条件就明确了本研究是植根于中国社会文化语言生态环境下的。因此，本模式建构的第二个特点就是国情意识的凸显。本研究在充分尊重历史文化传统的同时，兼顾语言生态的固有本真，希望在中华文化的语言环境下构建学习异域文化的语言载体的理想模式。英语教学的终极目标是指培养学生听、说、读、写的语言技能，提高学生英语语言综合运用能力，拓展学生跨文化交际意识，提升学生多元文化思维水平。英语教学生态模式必须具有多元共存的心怀，使多元文化在英语教学模式中和谐共生。因而，多元共存性与和谐共生性是该教学模式不可忽视的特征之一。

（三）开放性与交互性的辩证统一

英语教学生态模式涵盖了教师、学生、教学环境及语言等多个因素，而这些要素的辩证关系是推进整个模式顺利运行的必要基础。教师和学生的辩证关系可以理解为师生互动的语言交往过程，教师的教为学生的学提供了方向指导，同时教师在教的过程中促进了自身的专业发展。相反，学生的学是教师教的延伸，学生在学的过程中体现了教师的价值。语言是师生维系的中介，师生教学交往活动的媒介就是语言，而促进学生语言发展又是师生教学活动的终极目标。教学环境则是师生语言学习交往互动活动得以顺利进行的物理心理及时空场域，良好的教学环境能够促进语言教学交互活动的顺利开展。

（四）差异性与标准性的包容统一

生态化英语语言教学模式是在吸收前有教学模式优势的基础上发展起来的，具有一定的包容性，兼顾了教师中心和学生中心，也考虑了语言本身的特征；在考虑中国语言文化环境的基础上，充分照顾了英语语言文化的自身特点。特别是在具体语言教学方式和教学内容上，生态化语言教学模式提倡教学方式的多样化、语言教学内容的变化性和教学理念的时代性。因此，英语教学生态模式是一种折中式的语言教学模式，具有较强的差异性和标准性的包容统一能力。

第二节　英语课堂生态的结构与功能分析

一、英语课堂生态的结构分析

结构的“结”表示“结合、联系”之意，“构”表示“结构、框架”之意，结合起来，结构就是指若干组成部分按照一定的关系结合而成的一种架构，常用来表示事物的存在状态。结构主要包括两层含义——组分和关系，即由什么构成，以什么关系存在。

完整体现一个生态系统的功能不仅需要生态系统有组分，还需要它具备一定的结构。而营养结构和形态结构是生态系统的两种基本结构。营养结构是一种抽象结构，生产者、消费者、分解者为它的组成方式，而生物和非生物则通过营养紧密相连。内部和外部的配置、颜色和质地构成生态系统的形态结构。内部基本构造和外部呈现形态组成完整的形态结构，生产者、消费者、分解者作为生物的功能，无机物质、有机化合物和气候因素作为非生物的环境，两者之间相互依存和利用，它们是生态系统的基本构造组成形式。特定的生态系统，展示出不同的生物类别和个体，环境的构成也不尽相同，而呈现出的不同外部形态则是受到了营养结构的影响，产生区别于其他生态系统，因此它们不能被规划到同一种类型，但人们仍可以抽象出内部的基本构造。根据生态系统各部分功能的不同，划分出三大类群，即营养结构中的消费者、分解者和生产者，但是这三大类群又与分类类群没有关系，所以又称为生态系统的三大功能类群。来自太阳的能量通过生产者的光合作用进入生态系统，逐级流动，形成生态系统三大功能类群的营养结构。

将课堂生态类比为自然生态，“人”成为课堂生态的主体，相当于自然生态系统中的生物，“环境”则是指课堂的生态环境，相当于自然生态系统中的非生物环境，两者是课堂的基本构造。“人”可以分为在校学生和授课教师，课堂生态环境可以分为学校环境、授课教材、师生情谊、教学方法和学校的软硬件设施等，这些细分的小项目作为课堂生态系统中的生态因子，构成了一个完整的生态整体，它们之间相互影响、相互依存、相互作用，缺一不可。教师和学生组成课堂生态的基本营养结构，教师将课内外知识和自己的人生经历以授课的方式传达给学生，通过简单易懂的方式让学生学习、消化这些知识和信息，学生再通过课后作业或者考试的方式给教师一定的反馈，所以教师是这个生态系统里的生产者。

社会生态区别于自然生态，课堂生态作为社会生态的一种，自然区别于自然生态。课堂教学本质的不断生态化源于教育生态学的不断发展，这也加深了人们对课堂生态因子各部分之间关系的认识，让课堂生态的形态结构和营养结构不断发展变化，更加适应时代发展的需求。善于运用关系思维掌握课堂生态各要素之间的关系，而不是实体思维，这是结构观点；以动态而不是静态的观点看待课堂生态，善于发现并运用课堂生态各要素之间的互动，这是过程观点。现代生态教学观区别于传统的课堂教学：传统课堂传授知识的方式主要以教师讲授为主，教师通过教材、视频、语音等方式把知识传导给学生，履行教师的职责，让学生通过这些手段和方法学习知识，获得成长，这个过程基本是教师对学生的单方面互动；但是现代教学观却认为课堂并不能再单纯地以传授知识为主，应是学生在学习知识的同时和教师取得和谐的共生，营造出一种和谐的师生关系和课堂氛围。生态教学观认为：课堂由教师、学生和课堂环境组成一个复杂的生态系统，它们之间相互作用、依赖、交融甚至转换，形成各种不同的关系，而要实现教师与学生的共同成长和发展，就需要这些关系和谐相处。在课堂生态系统中，教师是知识的主要但不是唯一生产者，学生作为信息的主要分解者、消费者，在特定情况下也可以成为生产者和提供者，教师也可以通过学生和环境学习不同的知识，同时具备生产者、消费者和分解者这三种身份，而不再只是单纯地拥有生产者这一种身份。此外，知识还可以通过计算机网络、多媒体等生产。虽然这样一来教师和学生都同时具备了这三种身份，但教师仍是知识的主要生产者，学生是主要消费者，主次还是要分清。能量的流动和信息的交流通过教师、学生、环境之间的课堂互动得以实现。

传统结构把课堂气氛和教室环境作为课堂的主要环境，而现代生态教学观认为不仅限于这两种环境，还存在很多不同的观点。因此，出现了很多不同种类的分类方法，这些方法通过不同的角度，侧重于不同的方面。广为流传的一种方法是将课堂环境分为三类：

（1）派生性课堂生态环境，是社会规范环境的组成，具体则是指由课堂生态主体衍生出的如课本、班级制度、学生精神风貌等而形成的课堂生态环境因素。

（2）客体性课堂生态环境，主要以物理因素为主，如学校环境、软硬件设备等，这些因素区别于课堂生态主体而独立存在。

（3）客体性课堂生态主体，主要是以客体性环境因素而存在的课堂生态主体，教师和学生的个人因素成为它的主要影响因素，如学生的整体素质和教师的专业素养等。但是这种分类方法也存在歧义：首先，客体性课堂主体也可以包括派生性课堂生态环境中所提到的教学方法；其次，把客体性课堂主体命名为课堂环境也容易让大众产生分歧。

研究认为，课堂环境应该考虑三个维度：

（1）结构维度，即课堂环境由哪些生态因子构成。心理学认为，环境泛指生物有机体周围各种条件的总和，是某一特定生物体或生物群体以外的空间以及直接或间接影响该生物群体生活与发展的各种因素。在这个意义上，课堂环境应包括课堂设施和布局、现代信息技术和教材等教学媒介、教师的教学理念和方法、学生的学习态度等。需要特别指出的是，社会生态中的环境也包括人，因此教师、学生在一定的条件和情况下也起着课堂环境的作用。

（2）关系维度，即课堂生态系统中各生态因子之间的交互关系主要是教师的情感态度、学生的情感态度、师生之间的关系、师生与环境的关系等。

（3）文化维度，即维持和改进课堂生态系统运行的各种课堂文化和规章制度。为了便于理解，可以从时空维度进一步理解：第一个维度是课堂教学之前就确定了的客观情况，不妨称为课前生成的环境；第二个维度是通过课堂教学中的交互现场形成的情况，不妨称为课中生成的环境；第三个维度是通过课堂上的各种反馈而形成的学风或相应制定的制度等，不妨称为课后生成的环境。这三种环境是一种动态的概念，它们之间会随着时间的推移而相互转换。也就是说，这次课堂过程中的交互关系语境，比如学生对教师的看法和态度，如果固化下来，就成了下次课的课前生成环境；比如这次课堂上形成了一个良好的互动氛围，如果固化下来，形成了班风，就成了下次课的课后生成环境。

从文化、结构和关系这三个方面我们可以看出，课堂环境与教师的教学活动和学生的学习活动可以相互影响。网络状课堂生态结构的形成依赖于教师、学生、课堂环境三个个体之间的交叉与融合。李森等学者认为交叉结构为课堂生态结构关系的主要表现形式，教师和学生的互动和发展以课堂环境作为载体，如要不断发展创新课堂的形态结构，就要让课堂环境不断创新变化，这依赖于教师和学生在课堂环境中进行的各种互动和各种创新活动。

课堂生态的表现形式为课堂中各个属性之间的相互关系，生态是每个课堂都必然存在的状态，我们所说的课堂生态，是指课堂生态系统展现出来的一种状态，它是一种实然存在的状态，不受主观的影响，具有一定的客观存在性，它就是课堂看上去的样子。生态课堂是一个全新的理念，这里的生态可以理解为生态的或生态化的，没有贬义的感情色彩。准确来说，生态课堂正成为一种理想化的、教学效果最好的课堂，它是使用生态主义的观点来理解和创建课堂，区别于一般意义上的课堂。生态课堂具有主观人为性，它体现的是一种应然状态，即应该体现出一种什么样的课堂。

生态课堂的内涵包括课堂中和谐平衡的环境生态、文化生态、行为生态、心理生态、关系生态等。生态课堂本质上是内外关系和谐的、利于师生共同成长的课堂生态。课堂生态和生态课堂的联系在于，前者是后者的内容和基础，后者是前者的方向和目标。构建生态课堂，可以立足于对现有课堂的生态进行考察、分析，使低层次、欠和谐的课堂生态系统发展为高层次、和谐的课堂生态系统。这也正是研究的基本思路。

下面回到课堂生态结构。之前我们通过结构掌握了课堂生态要素之间的联系，现在我们要掌握课堂生态要素的动态结构。通过运用过程的观点，发现各个生态因子的演变，甚至突变都会影响课堂生态结构的变化，不一样的教学模式是因为课堂生态结构并不是静态的，教师的师德、学生的素质、学校软硬件条件和学生学习环境这些外部条件都会对其产生影响。任务、目标、角色、社会结构资源以及时间和步调是在课堂系统中发现的六个重要因素，此外，还从中发现了讲授式课堂、建构式课堂和共建式课堂三种课堂生态，它们各有利弊，但都是一种动态的关系结构和营养结构，它们通过过程得以体现，在平常的课堂教学中可以穿插运用。讲授式课堂生态是传统教学方法，课堂生态以教师为中心，教师控制课堂生态的能量流动和信息流通；建构式课堂生态是一种新型教学方法，它以构建主义理论为基础，以学生为中心，教师则从主讲者变为助学者，学生控制课堂生态的能量流动和信息流通；共建式课堂生态则是一种理想的课堂生态，它以共生原则为基础，即教师和学生都可以成为课堂的主体，他们共同学习、共同进步，实现了一元主体向多元主体的发展。这三种课堂生态从建构主义观点和生态教学理论来看，生态课堂的发展还是要以建构式课堂生态和共建式课堂生态为主。

二、英语课堂生态的功能分析

功能在大学英语课堂上表现出来的意思是指特定的特性和能力从系统内外部之间的联系和关系中凸显出来，功能可以理解为发挥的作用和展现的能力。在系统内，功能是由系统行为引起的，它对系统内的整体环境或个别事物都起到了积极的推动作用，每一个系统都具备相应的功能。系统在相应环境中出现的变化被称为系统行为。能量流动、物质循环和信息传递是生态系统所具备的三大功能，它们对维持生态系统的正常运转起到了重要的作用。课堂生态具备生态系统的一般功能，属于教育领域里的一个微观生态系统。课堂生态的系统功能由结构和环境决定，系统内部的各种因子之间的相互作用与系统外部环境之间的相互作用同时进行，给系统内外部带来了积极的作用。

（一）优化结构的功能

课堂生态主体和环境组合成为相对稳定的课堂生态基本结构。教师传授学生知识，学生学习和运用知识，由此产生了清晰的课堂生态营养结构，这其中教材发挥着不可或缺的作用，学生可以通过教材学习知识、认识世界、开阔眼界。但是随着科技的发展，人们的生态理念也在不断进步，走出了原有的格局，网络和多媒体的发展为知识的传播提供了多种渠道，使得知识不再单纯依靠教材传播。学生也从被动吸收知识变为主动发现知识、创造知识、体验知识。而教师和学生通过互相学习，弥补不足，都可以成为知识的提供者。生态理念的变化使得课堂生态结构也发生了变化—由传统型演变为构建型和共建型，课堂生态系统得到了不断发展和优化。

（二）调协关系的功能

教师和学生之间的关系是课堂生态的重要组成条件，他们作为生态主体，对课堂生态起着至关重要的作用，师生关系通过课堂教学活动的不断发展变化，相互支撑和依存。如今生态视野下的课堂提倡从单纯的教师授课转变为师生互动，让学生更多地参与课堂学习，这些新的教学方式让教师和学生之间的关系更加和谐。更重要的是，生态课堂体现了师生之间的多方位交流，打破了原有教师和学生的单方面交流。这种多元化的交流方式，会增加情感的交流，加深情感信息和各种生态因子之间的关系，从而形成情感交流的动态网络。教师和学生的情感态度会互相影响，教师会影响学生对知识的学习，而学生则会影响教师的教学质量，所以要求师生之间要积极地反馈自己的情感，这对师生关系的和谐发展极其重要。同时，也要不断优化课堂生态中主体与客体的关系，使之和谐共处。

（三）促进演化的功能

系统动力是通过生态系统的正常运行来保证的，而系统与外部环境的物质、能量和信息交换以及在内部的流通则保证了生态系统的正常运行。课堂生态并非自然生态而是社会生态，所以太阳并不能成为能量的提供者，其能量是来自系统外部环境带来的影响和师生在课堂上的交流互动。对教学产生良好的促进作用。依赖于多元的学习资源、和谐的师生关系、合适的教学方法和积极的世界观。教师对知识的生产创造能力和对资源转化为知识的能力是系统信息的主要来源，而系统内产生驱动力、信息流和智能流则依赖于能量和知识的不断输入，这些不仅促进了师生的进步和环境的升级，也使系统更加流畅和自然。这些来自外部的知识和能量通过学生的学习和交流，转化为学生对社会的贡献和对社会发展产生的重要作用。

（四）生态育人的功能

生态系统的最根本功能是提升生产力，课堂生态的根本功能是培育人才。这里的生态育人包含三层意思：

（1）生态主体的共同成长。人是教育的核心元素，育人是教育的根本任务，所以课堂生态的功能归根到底是育人的功能。和谐与共生是生态课堂的根本属性，教师和学生的共同成长是生态课堂的最终目标。传统课堂重点关注学生发展，而生态课堂则关注教师和学生的共同发展，实现教师的成长促进学生的成长，教师的发展促进学生的发展。

（2）生态主体的可持续发展和均衡发展。传统课堂把学生当成流水线上的产品生产，注重应试教育，忽略学生的情感感受和能力成长。而现代生态课堂则更加注重学生的多元化发展，并不只局限于成绩，而是实现德智体美劳全面均衡发展。可持续发展作为现代生态学研究的重要领域和重要思想，要把对学生的培养看得更加长远，应侧重培养学生的自主学习能力，这不仅促进人的可持续发展，也促进社会的可持续发展。

（3）育人方式更加生态、更加科学。传统课堂认为学生通过教师的教导都可以成为优秀的人才。但是现代课堂生态则认为应让学生主动发现知识、学习知识、体验知识，培养学生的自主学习能力和判断能力，让学生尊重教师却不迷信教师的权威，因此传统课堂的灌输式教学不符合生态课堂的发展，共建式和建构式课堂才是现代课堂生态的主要发展潮流。

由此说明，结构和环境共同构成了系统的功能，缺一不可。系统的结构具有相对稳定性，但是外部环境不是一成不变的，外部环境的变化不仅会对系统产生影响，也会对外部的物质、能量和信息交换产生影响，让系统与环境之间的相互作用大打折扣，最终导致系统功能的瘫痪。由此可以得出，系统的功能产生变化的可能大于系统结构的变化。英语课堂的结构和功能相对稳定，符合一般生态课堂的特征，但是随着现代英语教学的信息化，英语教学环境也产生了变化，英语课堂生态随着系统功能的相应变化失去了一定程度上的平衡。

第三节　当前英语课堂的生态失衡现象解读

一、英语课堂生态的系统组分构成比重失调

（一）系统组分之间交互关系的失谐

1. 学生与信息技术的失谐

学生在课堂生态中的主要身份是知识的消费者和分解者，他们接受来自教师和其他信息源的信息，消化吸收，最终以社会做功的方式将能量和智能返还社会。在课堂生态系统中，信息技术起着媒介的作用，帮助信息和能量实现最大限度的传输，并以此与学生建立和谐的关系。在目前的英语课堂教学中，依然存在学生与信息技术不和谐的状况，主要表现在以下两个方面：

首先，现代信息技术的广泛使用与部分学生信息能力及素养不高之间存在矛盾。一些学生缺乏与现代信息技术的呼应性变化。大学英语本来就是国家教育主管部门推行的精品课程，而且也应当成为英语教学改革的示范基地，高校本应走在教学改革的前沿，但是，还有很多大学生因为这样那样的原因，对网络学习的积极性不高，还利用违规的手法对网络学习的记录进行造假，对教师进行网络教学的评价形成了严重干扰。现代信息技术对这部分学生完全起不到应有的辅助作用，学生与课堂生态环境之间的互动无法正常进行，整个教学系统也就失衡了。

其次，学生的学习观念依然陈旧，学习方法依然传统，这与现代化的信息技术的推广产生了矛盾。有业内学者认为，在计算机运用于英语教学的这场改革中，管理者以及学生、教师落后的观念已经成了一种真实存在的障碍。通过

对现代教育的理念进行分析可以看出，现代教育非常关注学生综合能力的培养，鼓励学生按照自己的意愿去主动、独立地探索新知识。如果按照这个理念，那么网络教学恰好是最适合的教学方式，因为网络上拥有极其丰富的学习资源，也具有非常快捷的传输功能。但在实际的英语教学过程中，还是有学生对网络学习持一种非常消极的态度，之所以会存在这种现象，并不是网络上的资源不够、信息量不大，而是他们仍然非常肯定地认为中学时期自己采用的学习方法非常有效，所以会从内心排斥通过网络和多媒体去开展英语学习。

2. 教材与信息技术的失谐

信息技术和教材都是课堂生态中的不同信息类媒介，两者都是教师用来传输知识的工具，它们的职责是相同的，所以相互之间会产生竞争。为了不遭遇恶性竞争，教材和信息技术会刻意根据自身的特长错开发展，使相互间能够进行互补，以便形成良性的关系，让课堂生态体系中的教材能够更加立体。

然而现实的情况并不如此理想，很多英语教学平台上的学习内容实际上就是教材的网络版，并没有对教材进行应有的延伸，更欠缺相关的专业知识拓展甚至有些教学平台的设计还有明显的缺陷，平台上的教材并未与信息技术进行很好的契合。

另外还存在的一个问题是，教材一直被学生和教师视作唯一可以使用的媒介，学生学习知识的渠道被局限于教材。在这种模式下，教材就成了课堂的中心，教学内容一成不变，教学的方式也是老一套，现代化的技术手段无法发挥出应有的作用，教材和信息技术不仅不能做到相辅相成，甚至有可能产生恶性的竞争关系，或者使两者相互排斥、关系失谐。

3. 教室布局与信息技术的失谐

教室布局是指教室的物理环境，包括灯光设计、座位布局、黑板位置、墙壁颜色，等等。这些因素和同属环境因素的信息技术之间同样具有相互作用和相互依赖的关系。

西方教育界曾一度热衷于研究学生的座位同他们课堂表现的关系。生态教学观认为，英语学习是学生所具备的知识、积累的经验同外界的客观因素进行交互的过程，在此过程中，现代信息技术应当在课堂教学中发挥应用的便利作用。很多英语教师都会努力让自己的课堂气氛变得生动活泼，也会经常利用视频来开展口语教学，给学生观看视频之后会组织他们分组进行讨论。每当这时，那种传统的教室座位就难以适应信息化教学的要求，不方便学生开展讨论，因为学生无法做到面对面的交流。特别是在学生进行口语练习等特殊性的学习时，这时候座位的布局就需要比较合理，要考虑到学生之间是不是会产生影响和干扰。目前我国教室的座位一般都是纵横排列的方式，很少有教师把学生的座位安排成环形、马蹄形或者矩形。传统的座位排列方式不利于学生有效开展口语练习，现代信息技术的功能发挥也会受到影响。

（二）系统内部营养结构的失衡

1. 输入与输出的方式失调

有一种失调就是滥用教学媒体。比如在课堂教学中，教师没有根据实际需要去使用多媒体技术，而是将一些并不需要使用多媒体教学的内容也全部使用了多媒体的手段来开展教学，学生的时间被大量的视频、音频所占用，没有余地去进行安静的思考和想象，这种做法对培养学生知识建构的能力并不利。所以说，教学过程中的多媒体手段并不是使用得越多越好。

2. 输入与输出的内容失调

目前很多英语课堂教学的内容直接就演变成了考试的内容。教师仍存有应试教育的观念，教学内容和教学方式的选择都是以应付考试为标准。教师在课堂上热衷于讲解这些考试的试卷，传授应付这类考试的技巧。学生就机械式地背诵考试所需的单词以及语法，可以进行实际语言训练的机会少之又少，所以很多大学生综合运用语言的能力都不足。这种内容上的失调还表现在：教师将大量的精力用于对学生投入性技能的培养上，而忽视对学生输出性技能的培养。就知识与情感的重视程度来看，教师会更加关注课堂上知识的传授和学习，而不重视与学生情感上的交流和培养。而实际上情感交流得顺畅与否，会直接影响学生的学习动机和学习态度，也会影响能否营造良好的课堂气氛，更会左右师生间是否能建立起良好关系。

二、英语课堂生态的功能失调

（一）结构优化功能的衰减

系统不同于集合，集合只是一些分散的人或物聚集到一起，系统却是一些元素聚合到一起之后，各个元素之间产生相互作用、相互关联、相互制约的关系。正是这些元素间的相互作用力，牵引着各个元素不断进行自我调适，最终使各个元素达到一定的质和量，与其他系统组分和谐共处，使整个系统进入一种相对稳定、相对平衡的状态。在自然界中，各种生态系统都具有这种自组织能力，最终牵引着系统达到自然平衡的状态，但整个过程会非常缓慢。在社会生态系统中，因为生态主体具有很强的能动性，一般会使系统较快地调整到平衡态，反之，则证明系统的结构优化功能明显减弱。

通过对系统结构进行观察可以发现，英语课堂在信息化推进的过程中，结构优化的功能出现了减弱的现象。英语的课堂生态在信息化改革之前尚处于一种相对平衡的稳定状态，而当现代信息技术在英语教学中的应用越来越广泛，这种平衡就被打破了。在各种课堂环境因子当中，信息技术这个因子迅速占据了主导地位，它在这个系统中所产生的作用大大超出了系统的自我修复能力，使得其他的要素不得不进行持续的改变。课堂生态系统内部各组分的构成比例依然是失谐的，而且系统的自我修复能力已经明显弱化。

（二）关系协调功能的减弱

通过分析可以看出，英语课堂生态系统当中的协调功能也有所减弱。可以通过以下三个方面来描述这种失谐关系：一是传统的教学理念和新的改革理念存在失谐现象。很多教学管理者、学生以及教师都习惯于原有的教学观念、学习观念和价值观念，旧的教学理念仍未改变，教师在教学中不善于开展交互，也不习惯采用研究性的学习方法，由此出现各种各样的矛盾。教师会对学生不满，学生会对教师不满，学生会对课堂环境不满，教师也会对课堂环境不满。在信息化教学改革实行之初，学生对教师的一些教学方法不认同，也难以理解改革初期“教”与“学”中出现的比较混乱的情况。二是改革的大力推进与现实进展缓慢之间的失谐。从上而下推进的这场英语教学信息化改革可以说力度很大、面积很广、决心很坚定，教育部门和改革设计者对教师和学生的信息素养提出了很高的要求，但实际上因为多种原因的存在，教师和学生的信息素养并不能完全达到相关要求，理想和现实就出现了差距。三是教学的输入和输出之间存在失谐的情况。学校投入大量财力、物力购置了先进的设施、设备，投入了大量精力进行教学改革，但实际的改革成效与投入并未成正比。从学生的角度来看，自己通过课堂以及网络对英语学习所投入的时间和精力与自己综合语言能力的提升效果并不匹配。

但也要指出，上述的这些失谐现象不会同时出现，也不会同时发生在一个学校、一个课堂生态当中。这些失谐的情况有些学校已经发生过了，有的学校正在发生，而有的学校可能未来会遇到。直至今天，这些失谐的问题仍然无法通过系统自我的修复能力来纠偏、来更正。

（三）演化促进功能的减弱

生态系统的几种功能应当是相辅相成的，这几种功能包括优化结构的功能、协调关系的功能、促进演化的功能。只有优化了结构，其他的关系才能够保持协调，系统的演化才能顺利推进。所以说，系统能够顺利演化的前提是结构得到优化，关系保持协调。如果从营养学的角度来分析，系统的优化必须要有系统的三大营养功能来支持。系统的三大营养功能为：能量流动、信息交换和物质循环。这三种营养功能同时也存在于课堂生态之中。

英语课堂的教学改革虽然进行了许多年，但是这一生态系统中关系以及结构上依然存在失谐的情况，所以系统仍然难以维持平衡的状态，系统的演化也难以达成。如果从营养学的角度来分析，因为存在各种关系上的失谐，所以师生间的交互就会出现阻碍，交互减少之后，系统的能量也会因此而减少，内部的驱动力就会显得不足，一些自外部引进的物质流也难以在系统内进行流转，系统仍然会长期处于一种不平衡的状态之中。因此，只有解决好系统内部的动力和驱动问题，才能使系统的演化得以顺利推进。

（四）生态育人功能的欠缺

生态系统最重要的功能就是提高这个系统的实际生产力。而课堂教学也是个生态系统，它的最主要功能是培养社会需要的人才，英语课堂就是为了培养社会需要的英语类人才。在英语教学中推进信息化改革就是为了使生态英语课堂变得更具信息功能，培养出更多具有较高综合语言能力的人才，使传统大学英语教学中的一些薄弱之处得以改观，让学生不再成为“哑巴英语”的讽刺对象，不再被认为是高分低能的群体。虽然近几年“哑巴英语”的现象有所改观，但是这个系统还未真正调整到平衡状态。

第四节　新时期英语生态教学模式的构建

一、新时期英语生态教学模式构建中的英语教师

教师，是教学活动的力量源泉，是教学实践的中心，是教学活动的设计者、领导者、组织者，也是教学的执行者。教学，是一种让同学们去认识其他事物的活动，学生作为活动的参与者，教学内容作为活动中的认识对象，教师作为桥梁和媒介将这两者串联在一起。在教学过程中，特别是有着生态化语言的环境下，教师不仅要善于引导学生在学习中找到适合自己的学习方式，使之合理运用去获得新的知识，用所学到的去解决自己遇到的各种问题，还要深化生态化语言学习，让学生们真正能获得它的实际效用。学生作为活动的参与

者，应该知道如何学会学习；而教师要做的，不仅仅是引导他们的学习方法和思维转向，还要去引导他们形成正确且良好的人生观和价值观，更主要还要对学生在语言学习上进行启迪、激励和引导。在学生自主学习方面，教师应该学会引导学生自己提出问题并能够自己解决问题、自主选择自己的学习方式、自主选择自己的学习目标、自己能控制和调节自己的学习进程。总的来说，教师在英语生态教学模式中作为有机组成部分之一，有着非常重要的作用。为了实现生态化英语语言教学模式的转向，教师们需要让自身的语言知识文化观、教学角色意识和教学方式发生根本性的转变。

（一）教师语言知识文化观的提升

语言学和语言哲学中的一个主要命题就是语言知识文化观，因为它大大地影响着是否能形成正确的英语教学观。语言观是指人们如何看待语言本质，也就是对于“语言是什么”这一问题的最简单的回答。通常来说，教师的语言观对英语教学有三方面的影响。首先，在教学的过程中，例如设计教学大纲、回应学生在学习中的反馈、组织课堂教学等方面会遇到很多问题，而这些都会受教师在英语课堂的教学过程及组织的影响。当然，在英语教学过程中，不一定所有教师都会直接运用语言学的知识，而且教师们如果只是掌握了其中一点语言学知识，是不能解决所有问题的。往往是相互联系但是意义不同的参照构架之间的相互作用才会产生有效的解决语言教学问题的方法。虽然从表面上来看，教育学、心理学、语言学、英语教学等学科与解决课堂教学中遇到的具体问题的方法不仅没什么必然的联系，甚至恰恰相反；但在实际情况中，没有这些学科成果的话，教师根本就完不成教学任务。这些成果包括：英语学习和第二语言学习之间的相同之处与不同之处；语法特征中习得的顺序，即自然顺序假设；还有态度、动机等心理因素与第二语言水平之间的关系。语言学习会不会有语言习得关键期，如果有的话，关键期对于双语习得来说能有多大的作用？“学习”和“习得”这两者之间是不是存在着本质上的区别，又是不是有着规则的变异特征？教师如果想要促进教学并得到良好的教学效果，必须让自己的英语教学中渗透这些语言学、教育学知识。其次，受到教学语言观的影响，教师就会在教学内容上选择广泛的知识范围，这样一来，语言知识选取就会被教师的语言观所影响。最后，英语教师对自己所教语言性质的认识也会受到教师语言观中语言学对于语言描写的影响。

从古至今，语言学家从不同角度对语言有着不同的理解和描述，其中较有影响的不过四种：工具论、文化论、符号论、社会论。工具论的内容就是，语言只是一种交流手段，作为人类在社会交往时的一种必要手段和人类生存与发展的必要工具，也就是用来交流、表达思想、讨论工作或者商量政事的。文化论认为实际上人类赖以生存和发展的基础是文化，每一个人都是在一定的文化气息中长大和生活的，而语言，则是社会文化大系统的主要构成要素之一。文化环境在生活中的各个方面都发挥着它的作用，因为它在社会中就像是一个巨大的文化效应磁场，它强大的辐射力和“遗传力”都有着较大影响，它表现为一种内控的历史惯性运动，所以有着不同程度的文化效应。在 20 世纪初期，符号论成了语言学中的主流言论，它认为语言实际上只是一个符号系统，而语言作为符号系统，就会有着其自身的结构和规律，所以人类语言也成了用来记录人类行为语言的符号。社会语言学家这样认为，语言之所以成为人类赖以生存和发展的必要手段，是因为语言是一种社会现象，是人类社会行为的结果。

对于有着四种不同解释的语言观，也有不少语言教学上的争论随之出现。工具论者认为在语言教学过程中，学生能否在语言学习时灵活运用，能否在交流中进行学习，才是应该注重的地方，其中交际教学法和任务型教学法都是比较有影响的教学方法。文化论者所强调的则是文化传承在语言教学中是十分重要的，所以语言应该是在文化教学中学习的，要在学习过程中贯穿整个文化主线。其实，语言教学中的文化传承不但在中国古代语言教学中十分被看重，在其他国家也同样得到发展，其中社会文化理论可算是最具有代表性的流派。西方现代语言学家是符号论的提出者，他们强调语言是一种系统符号，认为教学生使用语言符号去进行有效的交流才是语言教学的根本目的，所以在词汇教学方面十分重视。社会论者认为语言教学应该更贴近现实一些，因为他们主要强调语言教学的社会性，认为在学习语言的过程中把学生培养成一个社会的人才是学习社会文化、社会礼仪和社会规则的重要之处。

（二）教师教学角色意识的转变

目前，我国的英语教学已经不只是要达到以往单一地对英语基础理论知识传递的要求，还增加了英语交际能力与实践能力、语言掌握能力等，这就对英语教师提出了更高的要求。教师要转变自己的教育理念，从传统英语基础理论知识的教学逐步转变成多方面的英语教学。教师要从教学实践前期开始改变，首先要对学生进行分析，根据学生的个性化特点，制定教学目标、确定学习方法，从而适应各个阶段各个层次学生的教学。另外，教师要在原有传统教学手段的基础上，增加新的教学手段，引入多媒体以及网络教学资源来丰富教学内容、提高教学效果。教师要改变原有的单一内容型教学传递的方式，改变原有的仅重视理论知识传递的教学方式，应在教学过程中引导学生学会自主学习，调动学生学习的积极性，从而达到更好的教学效果。

在新的教学模式中，要以学生为中心，教师作为教学实践的实施者，逐步地从原有的知识传递者的角色中解脱出来。在新型的教育体系中，教师的作用侧重于引导学生进行自主学习。在学生自主学习的过程中，教师又扮演着观察者的角色，观察学生在自主学习的过程中所遇到的问题与解决问题的方法，并且在观察的过程中提出问题，协助学生利用自身的能力，寻找问题的解决方法。这个过程对教师的观察问题的能力有着很高的要求。新型的教学实践对于教师的组织教学能力也有很高的要求，因为教学实践已经不单单局限于课堂上的讲解以及课下的考核，而是要在课堂实践的过程中组织活动，让学生在活动实践中进行学习，这些都是教师角色的转变。

然而，英语生态教学模式下，教师的角色由单一的教师角色转变为集多重角色于一身的教学领导者、学业辅导员和学习陪伴者。

（三）教师语言教学方式的丰富

随着社会的发展和教学体系的改革，教师在语言教学方式上也要进行丰富——从最开始完全的讲授与接收的课堂教学方法，逐步转变为课本剧表演、课堂讨论等新型的教学方法。除此以外，教师还可以设计更多的教育教学方法。教师在制定教学方法的时候，要以能够促进学生发现并掌握新的知识为原则。教学方法需要在教学实践过程中进行验证，只有在实践中证明是能够促进学生掌握新的知识，有益于学生发展的，这样的教学方式才是有效的，是值得推广的。教师在教学方式的设计上不能故步自封，不能因循守旧，一定要有创新，只有新型的教学模式，才能激发学生自主学习的兴趣。兴趣是最好的教师，学生对课程有兴趣就易于取得更好的学习效果。

二、新时期英语生态教学模式构建中的学生主体

语言学习历程对于语言学习者有很大的影响。语言学习者，尤其是多语种语言学习者会受整个学习历程的影响。比如，某位语言领域的专家在本科期间学习俄文，在学习过程中积累了俄文的理论；在研究生期间学习德文，掌握了德文的使用方法；在之后的学习过程中又接触英语，工作后作为英语专业的研究生导师；除此以外，他还精通一些小语种，如葡萄牙语、古希腊语和拉丁语。这样的语言专家可以在多种语言的学习以及使用过程中分析出语言的共同点，通过语言的共同点，促进多种语言的掌握。在普通人看来，可以同时掌握这么多种语言，并且能够熟练地运用多语种语言进行听、说、读、写，甚至是翻译各种语言的经典著作，是非常不可思议的。但是仔细回顾他的语言学习历

程，可以发现其在每一阶段都系统地学习过某一种语言知识。作为人类交流的工具，各种语言间都是存在着千丝万缕的联系的，当拥有分析语言共性的能力的时候，会在语言的学习过程中找到乐趣，并且能够高效地学习并掌握多语种语言。

我国的英语教育在进行改革后，将英语课程的启蒙年级降低，在低年级阶段就引入英语教学，并且在课堂教学结束后引入评价过程。在每一个阶段的学习后，教师都给予学生一个评价，让学生能够通过评价了解自己对于语言的掌握程度，增强学习语言的信心，从而培养学习语言的兴趣，逐步达到自主学习。在评价体系的设置上，不能仅仅考核结果，那样会培养出一批应试教育的学生，这样不利于他们将来语言交际的实践。评价体系要分为两块：一是过程评价，即对于学生学习英语的过程进行评价、对学习的态度等进行评价；二是结果评价，即在每一学习阶段结束后对学生的掌握情况进行结果评价。在这样的教育体制下，教师需要进行自我提升，不能守着传统的教学资源一成不变。教师要利用自己的教学能力，为学生提供更多的教学资源和更为丰富的教学方式。如今互联网技术如此发达，教师应该多引入互联网教学资源、视频教学资源等，让学生在模拟实践的过程中，获得更好的学习效果，甚至可以让学生参与视频教学资源的制作过程，这样可以充分调动学生的积极性，更好地提高学生的英语使用能力。

三、新时期英语生态教学模式构建中的课堂生态环境

我国的英语教学中，学英语的人接触和实践英语的环境主要是学校的课堂生态环境。课堂虽然说是一个小环境，但是它和英语教学有着密不可分的联系，对学英语的人的学习效果和人才的培养模式有很大影响。对国内很多学生来说，他们几乎是在英语课堂上完成了学习英语的过程，因为我国社区环境对英语教学的作用还不是很大，所以课堂的学习氛围就会对我们的英语教学质量产生极大的影响。

让教师使用任务型教学法是新的基础教育改革所提出的要求，在课堂上尽量用全英文授课，但也不是绝对地说英语教学就非得用纯英语教学。虽然专家们不允许学生在任务型语言教学中用母语，但是在他们看来，在英语教学中教师适当地使用母语，能帮助学生们理解相应的英文任务。不过如果使用得太多的话，会影响任务的完成情况，而且还会影响到英语交流能力的提升。“任务”教学越深入，学生越有过多使用母语的危险。我国的英语教学要尽可能地多运用英语，再加上母语辅助，在学英语的时候要有用英语的教学思想，要

将课堂这个小环境变成良好的语言教学环境。

在英语课堂教学的时候，多用英语来教英语有一个好处，就是可以让学生有更多机会说英语，要让学生感觉任何地方都有英语，在不知不觉中学到英语。如此，就算是在缺少社区语言环境的情况下，学生在课堂上也有更多的机会说英语，就能了解所学的语言。要尽可能地在“学得”过程中收获“习得”的环境因素，这样的课堂氛围可以提高学生的学习积极性，让学生们对英语产生兴趣，帮助学生很好地利用课堂生态环境来培养用英语交流的习惯，让学生在课堂教学的时候一直处于活跃的状态。

尽可能运用英语来教英语还有一个优点，就是将英语作为交流的介质。这样就可以将学习主体、学习客体这两个要素连接成一个整体。因为英语教学的目的和中间介质就是英语，不管是学生还是教师，他们在课堂上都运用英语，这就为英语输出提供了环境。学生在学习英语的同时，也在运用英语，这样就可以把英语教学的形式和内容很好地结合在一起，从而提高英语教学的效果。“使用语言学习语言”是交际教学法倡导的理念，就是在沟通的时候通过刺激语言系统本身和激活固有的语言信息自身的发展而得到语言。

第五章　新时期语言学理论指导下的英语教学方法研究

新时期的英语教学应当注重英语本身的语言类学科属性，充分发挥语言学理论对英语教学的指导和促进作用，从而提高教学成效。本章主要对基于系统功能语言学、认知语言学与应用语言学的英语教学展开详细分析。

第一节　系统功能语言学与英语教学

一、系统功能语言学的内涵

系统功能语言学认为语言是一个多层次的系统，它涉及语音学、语法与词汇、语义学、语言变体、语言变迁以及语言发展史等领域。它认为语言是有规律的资源，语言描写的是系统，更甚于结构，即研究语言不仅要研究其结构，更要研究其功能。

系统功能语言学由“系统语法”和“功能语法”两个部分组成，但不是这两种语法的简单总和。这两种语法是一个完整的语言理论框架中的两个不可或缺的部分。

系统语法或系统语言学是用来解释语言的内在联系和说明语言是与意义相关联的可供人们进行选择的若干子系统组成的系统网络，又称“意义潜势”。语言系统的表现方式为选择关系（即聚合关系），故选择是第一性的；结构是一系列事件组合关系的最高抽象，因而是第二性的，是各种选择的结果；语义是一定语境下的选择，即说话人在表述其语义时，不可避免地要在语言的各个语义功能部分进行相应的选择，而这种选择恰恰取决于使用语言时的特定语境。内容决定形式，形式则由实体来体现。

功能语法则着重强调语言是社会交往的工具，认为语言系统是人们在长期交往中不断实现其各种不同语义功能的过程中逐渐形成的。因此，当人们在语言系统中进行选择时，必然会依据其所要实现的功能而进行有目的的活动。

在系统功能语言学派看来，语言作为人类社会活动的产物承载着各种不同的功能。韩礼德（Halliday）把它们归纳为“纯理功能”或“元功能”。[①] 纯理功能由概念功能、人际功能和语篇功能这三个部分组成。

概念功能主要是通过及物性系统和语态的表现形式得以体现，及物性系统是指人们在主客观世界中所经历的“过程”，在各个过程中所涉及的“参与者”和相关的“环境成分”。语态分为“中动”和“非中动”两大类，其中非中动语态又可以进一步划分为主动和被动的语气系统、情态两种类型。人际功能通常体现在语法中的语气系统和语调系统。语气系统主要通过言语功能提供、命令、陈述、提问来体现。语气与言语功能之间的关系密不可分，即使语气与言语功能之间并不总是一一对应的关系。语气结构主要由两个部分组成：语气和剩余成分。语气包括主语和限定成分两个部分，它们体现语言的直陈特征。主语和限定成分的次序在直陈句中起着十分重要的作用：主语在前，限定成分在后，体现陈述语气；主语在后，限定成分在前，体现非疑问语气；特指成分作主语时，主语在限定成分之前或其他成分作主语时，主语在限定成分之后，体现特殊疑问语气。情态通常由 will、could、probable 等情态成分来体现，以表明说话者对其命题的肯定程度。语调通常对语气和情态起辅助作用，它和语气系统和情态系统密切相关。语调分为五个单主调（升、降、低平、升降、降升）和两个复合调（降—低升和升降—低升）。语篇功能主要由主位结构（或主位—述位系统）、信息结构（或已知信息—新信息系统）和衔接体现。这三种功能紧密结合组成了一个完整的语义系统。因此，系统功能语言学研究的任务在于揭示人们是如何根据社会文化语境在语言系统中通过意义潜势的选择来实现各种功能的。

二、系统功能语言学对英语教学的指导

（一）“系统”思想对英语教学的指导

根据系统功能语言学的研究，语言既是一种社会符号，也是一种符号系

---

① 吴军俐. 功能语言学与外语听说和阅读［M］. 昆明：云南大学出版社，2015：3.

统。语言不应被看作是对一个集合的规则解释，而应被看作是用意义的潜势来解释；语言系统可以被解释为一种可进行语义选择的网络；语言的每一个层面都有属于自己的系统表示其语义潜势。

依据系统的观点，在语言教学中，教师可把英语当成一个系统来进行教学，以培养学生具有选择“意义潜势”的能力。如学生可以根据语境，合适地使用语言，合理地进行选择，而不是一味地在合乎语法与不合乎语法的条条框框中纠结。如打招呼的方式有多种多样，回答的方式也多种多样。为此，教师在向学生讲授这些选择本身的同时，还应教会他们如何根据合适的情境做出正确的选择。打招呼的正式和非正式、亲密和非亲密的表达方式不可混淆，否则会被认为不礼貌，造成语用失误，交际受阻。

与此同时，教师在英语教学中应有意识地了解学生的需要，了解他们的“潜势”发展程度，并根据学生的需求和实际情况设计英语教学内容。由于学生有个体差异，教师在讲授同样的知识与技能时，应采用不同的教学方法促进学生的“潜势”发展。

（二）“功能”思想对英语教学的指导

韩礼德的功能思想隶属于语义分析的概念，它是形式化意义潜势的离散部分，其表达格式为词汇语法中的成分或结构。

功能的思想与纯理功能的思想有关。纯理功能思想表述的是抽象的语义关系，功能思想则强调语言结构是能标记语义功能的功能成分的表达格式。语言形式在很大程度上是由语言的功能来影响、控制、选择的。

例如：

Mike Smith presented beautiful music at the concert.

从概念功能看，Mike Smith 是动作者，presented 是过程，beautiful music 是目标，at the concert 是环境；从词汇语法看，Mike Smith 是名词词组，presented 是动词，beautiful music 是名词词组，at the concert 是介词词组。

再如：

John beat his nephew.

从及物性结构看，John 是动作者，beat 是过程，his nephew 是目标；从语气结构看，John 是动作者，beat 是过程，his nephew 是目标。及物性结构表明了说话者对客观世界的看法和认识。从语气结构看，语气由 John（主语）和 beat（限定成分）构成，his nephew 为剩余部分，语气结构所表达的功能是交际双方的角色关系；从主位结构看，John 是主位，beat his nephew 是述位；从信息结构看，John 是已知信息，beat his nephew 是新信息。主位结构中的主位

—述位和信息结构中的已知信息—新信息等语义功能标记都是表示某一具体功能和整个交际过程的关系。由此可见，语言内部词汇语法体现意义的功能。语言具有多意义性，因此，语法具有多功能结构，如及物性结构、语气结构、主位结构等。语言结构是一定数量的功能成分的组合。语言系统是建立在一系列基本功能的基础之上的。

及物系统包含动作者、过程、目标等功能成分。教师在及物系统教学中，应将重点放在功能和意义上，同时将功能与结构有机地结合在一起，以培养学生用外语对各种过程进行编码的能力。及物系统也是语篇教学的一个重要方面。因此，教师在教授及物系统时，可将各种过程与一定的语篇上下文结合起来。通过对相关语篇中的主要过程的分析，提高学生的功能意识，以便更好地把握语篇的概念意义。语气系统包含“语气”和“剩余成分”等功能成分。在教学过程中，教师可从言语功能的角度运用交际活动进行语气系统的教学，也可从结构的角度培养学生正确使用和理解语气的能力；教师还可教授学生学习如何结合语境来判断不同的语气类型及其言语功能，以加深学生对语言功能的认识；教师应指导学生学习正确地划分构成某个语篇的各个小句和小句复合体的主位和述位，使他们能够快速而准确地找出说话者的起点是什么以及说话者想要传递的信息与哪些内容有关。信息系统包含“已知信息”和“新信息”两个功能成分，在言语交际中，新信息往往是信息的焦点。信息系统与上文和语境的关系十分密切。

三、基于系统功能语言学的英语教学分析

（一）基于系统功能语言学的英语听力教学

1. 培养学生的语篇意识

语篇的重要特征之一就是语意的独立性和完整性。因此，在听力学习实践中，学生应有意识地以话题为线索，寻找词与词之间存在一定的语义关系，以增强自己对语篇的理解。首先，教师可让学生口头回答问题，诸如who，when，what，where，how等疑问词引导的句子，使学生熟悉英语听力中各种话轮转换类型以及进行话轮转换时所惯用的词语或句法结构，并掌握话轮转换策略，加深学生对英语语篇的理解。其次，教师可让学生概括所听内容的大意，使学生意识到他们应该通过怎样的思路去识别选择应注意的信息，并使学生分清什么是主要问题，什么是次要问题。最后，教师还可以让学生对听力内容进行讨论，如这段对话包含了什么意思等。这些方法可以让

学生把听力的注意力集中在整体内容上，而不是个别词语上，从而有效地把握中心思想与主题。

2. 强调词汇重复的衔接功能

词汇重复是词汇衔接的一种重要形式。在英语听力中，如果一个词或词组被反复提到，就应该有意识地在信息链中识别出和该词或词组有关的联系。正是由于词汇重复这一手段的使用，使段落或语篇成为一个意义完整、上下连贯的整体。

3. 引导学生关注话题中相应的词汇链

由于英语听力材料往往是围绕某一个话题展开的语篇，与其相关的词汇在语义上必然相互搭配，共现于同一语篇中。因此，在英语听力教学中，教师应有意识地让学生在听力实践中搞清语篇的话题，再根据所听到与此话题关系最密切的关键词，有针对性地注意这个词汇链中的另一些词，使信息的获取更准确、迅速。另一方面，由于不同的语篇中拥有不同的词汇链作衔接，因此在平时的听力教学中，教师可根据篇章的主题，为学生提供在类似语境中共现倾向性较大的词。如在讲到“银行”这一中心话题的听力材料时，可适当地添加与之相关的词，如 savings account，credit card 等；又如讲到“法律”这一话题，可复习或补充 lawyer，court，judge 等词。

4. 教会学生交替使用语法手段

在平时的听力教学中，教师可以有意识地设计补全对话练习及强化语篇语法手段交替使用的专项训练，使学生在听力学习中增强逻辑思维能力；同时把所听到的内容从语义上联系起来，补充、还原在形式上没有明确表达或只是有一定预示的意义的内容。

5. 利用语篇特点提升学生听力水平

听力技能的缺乏会导致听者在听音和答题过程中不能最大限度地利用已掌握的信息，到达最佳的理解状态。教师应告诉学生语篇中出现部分内容听不懂是很正常的事情，部分语言信息有可能在其他的地方以其他的形式出现，即使有的地方没有听懂也不一定会影响他们对整个语篇的理解。同时教师应正确地引导学生逐步脱离逐字逐句理解话语的阶段，使他们掌握正确的话语解码策略，快速地捕捉住有关联的信息，从而实现听力技能的提升。

（二）基于系统功能语言学的英语阅读教学

系统功能语言学中的语篇模式理论为我们分析篇章结构，把握文章脉络提供了理论依据和有效方法。作者在语篇中使用的词汇通常会清楚地表明语篇模式类型，引导读者对整个语篇框架的理解。读者如果掌握了这些模式标识，就可以有针对性地预测篇章内容，对语篇的解码就有了明确思路。如语篇中出现difficulty，trouble，problem，solution，solve，succeed，suggest，one day，someday等词，读者便可据此预测出这是“问题—解决”模式的语篇；又如语篇中出现“during the American Revolution”“at age 23”“during a later war in 1812”“after the war”“World Wars I and II”等词，读者可预测这是时间顺序模式的语篇，时间标记词的使用有助于读者抓住故事发展的脉络，更好地理解整体内容。因此，教师在教学中，应有意识地将语篇词汇标志和语篇模式结合的讲解相结合，以提高学生识别语篇模式的能力。

在阅读教学中，教师应力求保持文章内容和形式的完整，而不是把它肢解成杂乱无章的语言点和词汇。教师可尝试将“自上而下”（top-down）与“自下而上”（bottom-up）两种方法结合起来进行教学。先“自上而下”，在此基础上，采用“自下而上”的方法进行阅读教学。“自上而下”的阅读方式是一种由复杂到简单，由上而下的信息加工过程，它运用宏观层次线索对语篇进行解码，它对读者的知识结构和阅读技能进行了挑战。由上而下的信息处理必须依赖语篇的有关信息和语义结构的抽象模型对宏观语篇的信息进行解码。从语篇结构分析人手，纵览全篇，引导学生从宏观结构上理解篇章，对篇章的理解着眼于“篇”而不是“句”，逐层剖析主题是怎样展开的，注意语篇段落中的主题句，段与段之间、句子与句子之间的逻辑关系以及它们是怎样衔接与连贯而形成一个完整的语篇的，从而了解它们对表现主题所起的作用，帮助学生学会抓住语篇的骨架，领会语篇所传递的主要信息。“自下而上”的阅读方法，是从微观上对实现语篇的语言手段进行分析，对影响语篇理解的重点词汇、词组和结构复杂的长句、难句以及重点语法现象进行讲解，以加深学生对语篇的理解，达到既见森林又见树木的阅读理解效果。

在教学过程中，教师应充分利用和挖掘教材，结合所讲课文分析其整体框架，引导学生从语篇层次上获取信息，从宏观角度理解文章的层次、段落及段落之间的联系，以培养学生全面把握语篇的宏观结构的能力，并学会根据不同语篇体裁来分辨不同语篇模式，以理解作者的观点和写作意图。教师也可以有针对性地选出课文某一个或几个段落，引导学生分析语篇的框架结构。比如采用分组的方式，为学生创造一个真实的语言环境，搭造一个互相交流的平台，使学生能真正地用学到的知识解决实际问题，实现学有所用。

第二节 认知语言学与英语教学

一、认知语言学的概念内涵

认知语言学是认知心理学和语言学相结合的边缘学科。该理论强调没有绝对客观的现实，也没有离开客观现实而独立存在的语言；语言不是直接表现或对应于现实世界，而是有一个中间的认知构建层次将语言表达和现实世界联系起来，在这个认知中介层，人们面对现实世界形成各种概念和概念结构。现实世界通过这个认知中介层“折射”到语言表达上，语言表达也就不可能完全直接对应于现实世界。

认知语言学以语义、概念为出发点观照其与形式的匹配，探索语言范畴和构造的概念及经验基础。它认为自然语言是人类认知活动的产物，又是认知活动的工具，其结构、功能应视为人类一般认知活动的结果和反映；句法结构在相当程度上不是任意的，而是有动因的，即由认知、功能、语用等句法之外的因素所驱动，故表层结构直接对应于语义结构，而语义结构对应于非客观的概念结构。

认知语言学重视结构的研究，注重认知如何对世界的经验进行组织，从而形成有意义的概念和概念结构。语言是认知对世界经验进行组织的结果，其中认知是包括感知觉、知识表征、概念形成、范畴化、思维在内的大脑对客观世界及其关系进行处理从而能动地认识世界的过程，是通过心智活动将对客观世界的经验进行组织，将其概念化和结构化的过程。在概念形成和推理过程中，人的生理构造、身体经验以及人的感知觉能力和人的想象力扮演了重要角色。

二、基于认知语言学的二语习得机制

传统的基于语言学视角的研究普遍将二语习得视为二语语法习得，持该观点的研究者将语法判断作为获取数据的主要手段，对二语习得中是否存在普遍语法及普遍语法如何影响二语习得等进行验证。其主要方法是通过为某些特定的语法知识设定问题，诱发学习者进行相关的提示应答和提示产出，通过分析调查数据探讨特定语法结构的习得情况。基于社会文化视角的二语习得研究将语言学习者与社会融为一体，关注社会文化在语言习得中的调节作用以及人与

社会文化之间的交互作用，强调语言习得发展的复杂多变和对话者的性别、身份、地位等社会语境因素对二语习得的影响。

二语习得研究要充分考虑语言动因对学习者二语习得机制的影响，但“无论语言的功能动因多么强大，仅凭动机因素是无法完全精确地预测语言结构的”①。认知语言学将基于使用的模型奉为圭臬，强调语言本质上是社会的，语言的形成、运用和习得是学习者在社会互动环境中体验、内化、发展起来的。同一情景下的不同语言结构以及来自不同语言结构的认知主体对同一情景的不同识解方式均肯定了语言的生成和使用同人类认知体验之间的紧密关系。认知语言学还明确指出，语言表征之间存在互动作用，这种作用可以发挥交际效果并与认知能力、认知过程、身体经验等一起发挥限制作用，最终产生话语，即使用语言表征概念知识、认知能力、认知过程、身体经验、话语功能等都会对话语的产生起制约作用。认知语言学与二语习得均对语言运用中的心理表征和认知过程表现出极大关注，而这恰恰成为二者的结合点。

认知语言学理论具有高度兼容性，其很多理论如框架语义、意象图式原型和范畴化理论等，都受到当代心理学、脑认知科学中相关研究成果的启示。所以，就本质而言，认知语言学主张的“语言的非自主性，意义的核心地位，心理表征的构式性，以用法为基础”② 必将促进其与二语习得以及其他学科之间的互动、影响和渗透，为若干语言现象开拓更宽阔的研究视野。另外，在研究方法上，认知语言学汇聚实验行为学、心理学、神经认知研究的前沿技术，强调观察的充分性和理论工具的严谨性，对实验材料和实验环境进行严格控制，增加了其研究结论的可信度，为理论层面的解释提供了更积极的数据保障。

二语习得是学习者在已经掌握了母语系统的基础上学习第二种语言，其学习过程也是语言再认知的过程。二语学习者的语言水平体现为其运用目标语获取并表达客观世界心理表象和概念的能力。某些母语者轻而易举、心领神会的内容对于二语者而言却很难理解。以多义词、介词、短语动词、熟语等困扰二语研究者的语言现象为例，尽管母语者能够感受用其一而不用其二（如“in”与“on”）时所传达的微妙的情感、态度或观点上的不同，二语者却很难感同身受。传统语言学的相关解释只从意义和使用范式进行简单分类，给出意义或功能描述，但无法给出完整的意义网络结构和图景以覆盖其实际应用中的复杂多变。

---

① 袁德玉．认知语言学基础上的语言衔接［M］．成都：电子科技大学出版社，2017：187.

② 袁德玉．认知语言学基础上的语言衔接［M］．成都：电子科技大学出版社，2017：187.

认知语言学强调二语习得应重视对语言本质及其运作机制的研究，坚持基于语言使用对这些语言现象产生、发展、使用和理解的认知过程与规律进行研究，并从语言认知和人类认知本质属性的角度进行阐释，取得了更好的习得效果。如利用原型范畴理论对英语介词的核心空间义项和比喻义项进行区分，获得了更好的习得效果；结合认知语言学牢固深化及母语迁移两个因素，从介词输入频率及母语与目标语结构相似性进行的研究也证明二语习得要充分考虑学习者的认知体验；对熟语习得的研究进步支持文化变量对理解和记忆二语熟语的影响。

三、基于认知语言学理论的英语教学分析

（一）图形—背景理论指导下的英语教学

1. 图形—背景理论

图形—背景理论最早源于心理学，后来被用于认知语言学来研究语言。图形—背景原则是人们认知世界的基本原则，了解图形—背景理论对于提高英语教学效果有很大作用。

当人们观察一个物体的时候，总是将它看成是凸现于某个背景中的视觉图像，图形—背景理论便是基于凸显观的一种理论。① “图形—背景分离原则”不仅是空间组织的一个基本认知原则，也是语言组织概念内容的一个基本认知原则。认知语言学理论认为“图形”是指某一认知概念或感知中凸显的部分，是认知的焦点。②“背景”是为凸显图形而衬托的部分。图形和背景不能同时被感知和理解，决定图形的因素是完形感知，容易被感知为图形的事物一般具有完整的形状和结构。当人观看周围环境中的某个物体时，通常会把这个物体作为知觉上凸显的图形，把环境作为背景。在观察过程中，通常会把注意的焦点集中在要观察的对象之上，这时接受注意力较少的部分变得模糊，更加凸显出观察对象的形象，这就是认知凸显原则

2. 图形—背景理论指导下的英语词汇教学

（1）英语词汇语音习得

在不同的语言中，不同的音素库存给不同的语言带来了独特的语音模式。语音模式显然不是因素的简单相加，不是以直线的形式、从左到右装配成单词的。音素与单词、短语一样，组成一个个单元，然后再组成更大的单元，最终

---

① 王欣．英汉借词范畴化认知研究［M］．北京：冶金工业出版社，2018：45.

② 陶丽．认知语义学视角下的英语介词多义研究［M］．苏州：苏州大学出版社，2014：132.

形成树形结构。每个音节开头的辅音群（C）被称作“首音”（onset），跟着的元音（V）和所有辅音被称作“韵脚”（rime）。[①]

音节的划分是以元音为基础，依据图形—背景理论，是凸显部分，属于图形，而相应的辅音则是背景。由于韵脚占据图形位置，容易引起读者的注意，所以押韵出现在很多诗歌和文字游戏中，这给诗歌带来了魅力和特色，也使得一些文字更加丰富有趣。再进一步，音节可以组成更大的节奏单位：音步（foot）。音步也是词音中的敏感成分，根据图形—背景理论，里面重读的音步就成为图形，获得了习得者的注意和强化，弱读的音步就成为背景，被习得者弱化，甚至忽视。一串连续音以“由强到弱”的方式排列，就是“扬抑格”韵律，如果是“由弱到强”，就是“抑扬格”韵律。

（2）英语词汇词形习得

和句法一样，词法也是一个设计精巧的系统，构成部件叫作“语素”（morpheme）。单词的结构系统是X—短语结构系统的延伸。在这个系统里，大的名词性成分建立在小的名词性成分之上，而小的名词性成分又建立在更小的名词性成分之上，以此类推。[②] 其他词性也是如此。名词“bags”中的词干“bag”是这个名词的重点，根据图形—背景理论，它占据了图形的位置，因而更容易引起使用者的注意和重视，而词形变化则是作为背景出现，较容易被忽视。所以在使用时使用者经常出现“s”漏写的情况。

根据图形—背景理论，词汇习得者会首先将形容词“unlimited”的第一层次分成作为背景的前缀“un”和作为图形的A—词干，然后在第二层次将其分为形容词词干“limit”和后缀“ed”，形容词词干“limit”作为图形和重点，成为习得者记忆的中心，作为背景的后缀“ed”，则使该词具有形容词的特性，习得者较容易与其他形容词后缀混淆。

动词过去式“worked”的词干work是整个词的重点，也是认知的凸显点，从而成为这个单词认知域中的图形，担任了表达词意的重任，而词形变化ed由于突出地位不够明显，根据图形—背景理论，成为该认知域的背景，词汇习得者在认知时会侧重处理占据图形位置的词汇的意义，而容易忽视作为背景的词形变化。所以习得者在书写和口头表达时，常常会出现词形变化使用不当或错误的情况。

（3）英语词汇语义习得

词汇的语音和词形习得是第一阶段，之后将进入第二个阶段。在这一阶

---

① ［美］史蒂芬·平克. 语言的本能［M］. 杭州：浙江人民出版社，2015：176.

② ［美］史蒂芬·平克. 语言的本能［M］. 杭州：浙江人民出版社，2015：129.

段，英语词汇逐步加强了与汉语对应词的联系。人类习得二语很容易依赖母语词汇系统，因此容易产生概念表征的母语寄生性。依靠语义对等假设，将英语新词的形式表征影射到已有的概念意义或母语翻译对等词。这种母语中介式的词义学习策略因节省认知资源而十分普及。在此，英语学习过程被简化为汉语概念再标记过程。因而在词义的习得中，根据图形—背景理论，有些英语词汇与汉语翻译词完全对应，汉语翻译词成了英语词义的凸显点，被使用者牢固掌握，英语词形成为背景，常常被忽视，从而造成习得者能理解但不会拼写的状态。有些英语词汇的意思与汉语翻译词部分重叠，还有部分不重叠，使得图形背景不突出，这给使用者带来运用和理解上的混淆。还有一种是一些英语词汇在汉语中找不到对等的翻译词，零理解成为图形，这样的词汇给记忆带来很大的困难。

经过第二阶段即母语语义词位调节阶段，将进入第三个阶段——整合阶段。在条件成熟的时候，词汇的形态信息以及已经习得的语音拼写表征，和不断调适的语法——语义表征，将突破中介语的瓶颈整合进入恰当的词条，并将所学词汇按相关性分类，同时词汇与概念之间的匹配复杂化，从而获得完备的英语词汇能力。[①] 这个阶段的目标在于心理词汇完全习得，达到母语词汇心理模式的状态，有利于词汇的提取或通达。[②] 根据图形—背景理论，在这个阶段，英语词汇的语音、词形和语义已经渐渐融合，成为心理词汇的凸显点，占据图形的位置，而相应的汉语翻译词则退居背景的位置，到这个阶段英语词汇习得才成功完成。

（二）构式语法理论指导下的英语教学

1. 构式语法理论

构式语法是基于认知语言学建立起来的语言理论体系，以其“构式是形式、意义和功能的结合体”“构式的意义独立于构成部分的意义而单独存在”等思想开拓了语言研究的新视角。构式语法理论为语言教学提供了新的理论依据，在英语教学领域也具有一定的启示作用。

构式语法的特征如下：

（1）复合性

构式语法认为语言构式是集语音、句法与语义为一体的有机整体。语言使

① 骆涵. 二语词汇习得研究综述［J］. 外语教学，2008（3）.

② 解玲. 认知心理学视阈下的二语词汇表征发展模式研究［J］. 湖南师范大学社会科学学报，2009（5）.

用者的语法知识不再被分割，而是以构式的形式统一表征。构式的复合性表现为形式与意义的结合，形式分布在语音、形态和句法等层面，意义分布与语义、语用和话语功能等方面。语言就是由各类复合表达构成的整体系统。

（2）表层概念假设

表层概念假设倡导语言的单层观和使用观。该假说认为语言的表层论元结构蕴含了句法和语义，不存在深层结构，对于语言系统的解释比生成语法的派生结构更具有广泛性。该假说包括四个假设：目标句法论点、目标语义论点、输入句法论点和输入语义论点。

（3）语义语用融合观

构式意义既包含语义信息，也包含焦点、话题、语体风格等语用意义。构式的形式功能包括了“话语功能”与“交际功能”，在构式语法七条准则里重申了“事件状态理解方式的微妙方面”。微妙的语义和语用因素对理解构式所受到的制约是至关重要的。

（4）能产性

构式是人们在生活经验的基础之上提取出来的抽象事件的框架，只需填充新的内容，就可形成全新表达。因此，向既定的图示构式中填充内容，实现了构式的能产性和认知的经济性。经过高频使用和固化后的非典型性用法也能转变为典型性用法而被人们所接收。

（5）微观构式网络与宏观构式网络

微观构式网络指某一构式是包含各类构式义的网络。[①] 一个构式可以有多个构式义，有些是中心义，有些是扩展义，构式具有多义性。宏观构式网络指语法系统是构式网络的网络。[②] 构式网络的上层为各类笼统的图式构式，图式构式能够激活下层继承构式。继承构式通过隐喻延伸并形成实例，由原型构式义扩展到引申构式义。同样，构式网络也不是均匀分布的，有些构式家族成员紧密，构式层级丰富；有些构式家族成员寥寥无几。

2. 构式语法理论指导下的英语语法教学

（1）构建具体构式与图式构式连续体

构式语法具有自身的层级性，它从抽象到具体，从一般到特殊。从这个意义上划分，构式又分为具体构式与图式构式，它们构成一个有机的连续体。图

① 杨旭，刘瑾. 构式化的核心思想及其对构式习得的启示［J］. 外语教学理论与实践，2018（04）.

② 杨旭，刘瑾. 构式化的核心思想及其对构式习得的启示［J］. 外语教学理论与实践，2018（04）.

式构式是一种抽象概念，它是对词法与句法的一种抽象，属于语言层面的概念，它体现了人们对客观世界的认知图式，具体地体现在语言层面；具体构式是人们在运用语言过程中体现出来的实体，是图式构式实现语义与形式结合的重要路径。“通常情况下，图式构式与实例并不是一一对应关系，可能是一对多、一对无数等关系。”① 构式语法视阈下，构建起具体图式与图式构式的连续体。

那么，英语语言学习者的图式构式从哪里来？这一答案因流派不同而存在一定差异性。转换生成语法流派认为，语法构式是先天的，学习者天生就具有语言学习的天赋，后期的学习不是培养学习者学习天赋，而是激活学习者的语法天赋；构式语法指出，学习者从出生时开始，就具备一定的认知能力，这就使得他们能够将语言学习过程中所听、所见的词汇与语句进行抽象，长期的积累，使得学习者完成从具体构式习得到抽象构式习得的转变；传统教学语法往往注重学习语言规则，因此在教学中，教师往往侧重于语法规则的讲解，学生则是被动接受，死记硬背语法规则，对语法规则缺乏理解，因此就难以有效掌握语法，运用能力得不到发展；构式语法则认为，语法教学应该通过具体的实例学习，增强学生的感性认识，从而对语法进行抽象的概括，得出语法的一般规则，这充分体现了由具体到一般、从实践到理论，并运用理论指导实践的哲学思想与认知规律。构式语法视阈下大学英语语法教学应该注重构建具体图式与图式构式的连续体，从具体构式到图式构式，再从图式构式回归到具体构式。② 教师要先引导学生借助具体的实例展开学习活动，探究实例中蕴含的语法规则，再进行抽象概括，发现一般的运用方法，以及运用的范围，即从具体的构式入手，形成图式构式。

（2）母语构式与英语构式展开比较

尽管人们对母语在英语教学中的作用持有不同的观点，但是母语对英语习得的影响是客观存在的。纵观当前的研究成果，主要形成下列几种观点：主张用母语教英语，去母语化教英语，母语与英语相结合。第一种观点强调母语对英语的绝对化作用；第二种观点则彻底否定母语对英语习得的影响，显然这两种观念都存在认知偏激现象；第三种观点则相对合理，基于母语与英语比较的视角教英语，既肯定了母语对英语的影响，又不唯母语论，重视在比较中完成英语习得。

① 屈亚娟. 构式语法视阈下的英语语法教学途径及效果 [J]. 校园英语，2015（30）.

② 刘芬，曾山青，彭伯良. 构式语法语言观视角下的大学英语教学行动研究 [J]. 当代教育理论与实践，2012（04）.

根据认知规律，母语作为学生最先接触的语言，占有“先入为主”的优势，当第二种语言乃至多种语言进入时，同一构式情况下，母语有助于促进后者的学习；当构式存在差异时，母语则可能会对后者的习得造成一定的障碍。

鉴于这一原因，构式语法视阈下的英语语法教学应该注重母语构式与英语构式的比较，既要寻找两者的共同点，又要寻找他们的差异性。通过母语与英语比较，两者的差异性是客观存在的，如英语具有母语所没有的冠词，英语复数的构成通过词缀、加“s”，与母语存在很大的差异性。学生在学习初期，常常会出现用“汉语构式”去表达“英语构式”的现象。如在表达“三头牛”这一意义时，最初学生会这样套用汉语构式“Three head cow”。在句法构式中，这种现象也普遍存在。英语语法教学中，教师要基于构式比较的教学理念，对于母语与英语构式突出性差异进行重点比较，对于相同点可以适当提一下。通过相同构式比较，促进母语与英语互相影响；通过比较不同构式，去消除母语对英语习得的制约。

(3) 遵循由易到难构式认知规律

具体构式由于与图式构式不是一一对应关系，这就使得一个具体构式也许会源自若干个图式构式。根据这种关系，将图式构式视为母构式，具体构式视为子构式。鉴于具体构式与图式构式的关系，作为子构式的具体构式往往会承继若干个图式构式的语义与形式等信息，导致若干个母构式在呈现特征时出现冲突或者矛盾，这个问题往往需要在子构式层面获得有效的解决。①

例如“双及物构式”，当该构式中的宾语充当特殊疑问句构式的主语成分时，这就造成移位认知冲突，“双及物构式”的规定是宾语应该置于动词的后面，但是特殊疑问句构式的规定是疑问词必须要出现在句子的开头。如 What did the old man give the poor boy？其结果是后者压倒前者。一般说来，作为母构式的图式构式越丰富，作为子构式的具体构式其复杂性就越强。

在英语教学中，教师要基于构式的难易程度遵循语法教学的客观规律，从简单构式入手，不断提升到复杂构式。尽管这不是构式语法独创的教学思路，但是构式语法做出了重要的理论贡献，它阐明了具体构式复杂性的成因，从而为英语教学给予理论上的支撑。如英语教学中，否定构式与肯定构式相比，肯定构式要相对简单，否定构式则比肯定构式要复杂得多。教师只有遵循由易到难的教学流程，才能大大提升英语教学效率。学生在掌握肯定构式的基础上，对否定构式的理解与掌握才具有坚实的基础。如果不遵循这一认知规则，不仅大大提升英语语法教学的难度，也直接加大学生语法认知的难度。

---

① 林正军，刘永兵. 构式语法视阈下的英语语法教学［J］. 外语教学理论与实践，2012，1（1）.

第三节　应用语言学与英语教学

一、应用语言学的定义与特点

（一）应用语言学的定义

应用语言学分狭义、广义两种。狭义的应用语言学特指第二语言教学，广义的应用语言学是指应用于各实际领域的语言学，即指语言学知识和研究成果所应用的一切领域和方面。

简单地说，应用语言学是研究语言本体和本体语言学同有关方面发生关系的学科。进一步说，应用语言学是研究语言本体和本体语言学同应用各部分结合部、接触面，包括结合、接触的动态变化的规律性的学科。

（二）应用语言学的特点

1. 综合性

应用语言学的学科性质决定了其综合性。应用语言学要根据具体的研究对象和研究目的同其他学科相结合，所以研究应用语言学不仅需要语言学知识，也需要相关学科的知识。如研究语言规划离不开政治学、民族学理论与方法的指导；语言教学研究要吸取教育学、心理学、教育测量学、学科教学论等学科的理论和方法；研究社会语言学需要社会学、文化学、人类学、统计学、心理学等学科的理论和方法；研究计算语言学当然要跟计算机科学、数理逻辑、人工智能、信息论、控制论等学科结合。正因为应用语言学在不同领域跟不同学科的结合，才产生了应用语言学的许多下位学科，如心理语言学、病理语言学、神经语言学、计算语言学、人类语言学、语言风格学等。因此，对应用语言学学习和研究，除了需要语言学的知识和理论方法外，还需要更多的其他学科的知识，与之相对应，应用语言学的研究人员是一种复合型的人才，其成长和培养需要多学科的合作。

从这个意义上讲，应用语言学具有跨学科的性质，是一门多边缘的跨学科的综合性学科。应用语言学要千方百计寻找适当的与其他学科的结合点，充分发挥多边缘、跨学科、综合性的特点，只有这样，应用语言学才能不断发展和壮大。

2. 实用性

实用性是应用语言学存在和发展的基本条件。虽然应用语言学注重形成应用语言学自身的理论和方法，但理论的追求不是应用语言学的根本目标，应用语言学的目标是着眼于语言学在社会生活中的实际应用，解决各种实际的语言问题，解决语言学在各个应用领域中的实际问题，如指导和帮助语言教学、语言故障康复、语言信息处理、语言规划、词典编纂、翻译、速记等。应用语言学的各主要分支学科，如语言教学、计算语言学、社会语言学、心理语言学、神经语言学、儿童语言学等，无一不是为了社会的实际需要服务的。可以这么说，应用语言学就是为了直接满足语言学在社会生活中的实际需求。

3. 相对独立性

应用语言学成立了全国性和国际性学术组织，创建了大量专门的研究机构，出版了大量的教材、研究论著，创办了专门的研究刊物，拥有相当数量的专门研究人才，有自己独特的学科基础；有明确的研究对象，形成了像语言教学、语言规划、社会语言学、心理语言学、儿童语言学、语言信息处理、神经语言学、词典学等几个较为成熟的下位领域；有明确的研究任务，研究语言学在一切领域的实际应用问题；形成了专门的应用语言学专业和课程，国内外许多大学和研究机构设有应用语言学系，招收应用语言学的本科生，更多的大学或研究机构招收应用语言学及其相关研究方向的硕士或博士研究生，以培养高学位的后备人才。因而，应用语言学是语言学中一门相对独立的学科。

4. 实验性

应用语言学要解决语言运用的实际问题就离不开调查和实验。进行语言教学或第二语言教学要对教学对象、语言自身的特点、中介语现象、教学效果等方面进行调查和分析，对语言教学的新方法是否有效要进行相关的实验，提取必要的分析数据，才能得出科学的结论；进行语言规划要对语言文字自身的特点和现状、语言文字使用者的状况、语言规划的目的和效果等问题进行调查和研究；进行社会语言学研究更要进行必要的社会调查；进行语言信息处理研究必须懂得使用计算机做各种实验。调查和实验是应用语言学研究的重要方法。调查通常包括访谈调查、观察调查、问卷调查（包括网上问卷调查）等，实验则是神经语言学、语言教学、计算语言学、社会语言学等领域的常用研究方法。无论是调查还是实验，都要对材料、数据、结论进行统计、比较和分析，因而比较的方法和统计的手段在应用语言学中较为常用，通过比较可以考察出相近或相关现象之间的同异，统计手段的运用则可以使研究的结论达到定量和定性的统一，从而保证结论的可靠性和科学性。

强调应用语言学的实用性和实验性，绝不是要否定应用语言学的理论特点。任何学科都必须建立在一定的理论基础之上，关于应用语言学的性质、特点、任务、范围、对象、研究方法等基本理论和各具体领域的理论和方法的研究，是应用语言学不可缺少的部分。没有理论和方法的指导，应用语言学不可能成为一门学科；没有理论和方法以及研究手段的更新和发展，应用语言学也不可能取得进一步的发展。不过，相对理论语言学或普通语言学来说，应用语言学的实用性和实验性的特点更加突出一些。

二、应用语言学对英语教学的积极意义

（一）明确了英语教学方式

英语作为我国教育体系当中的基础学科，其最终教育目的就是能够通过确立学生的学习主体意识，通过激发学生的学习热情来实现英语教学效果的提升。从英语语言学科特点角度分析，口语是英语学科的第一基础内容，然而由于我国语言教学环境与英语的差异性，使得我国英语口语教育都是通过书面英语教学基础上而逐渐进行的，这在一定程度上违背了英语语言的基本学习规律，进而影响到英语语言学习效果。应用语言学在英语教育中的有效应用，能够实现对英语口语与书面语教学比例的确定，并将其延伸到英语课程安排上，通过对教学重点的改变来寻求教学效果的提升。

目前，我国的英语教育主要分为基础和强化两部分，其中基础指的是听说读写，强化指的是英语翻译。其中听说读写虽然是四个教学内容，有着自身的难点，但其相互之间也具有一定的内在联系，为此必须通过不同的教学方法来实施教学。例如，实时翻译与文学翻译虽然同属翻译，但两者之间存在一定差异，因此在进行教学时其课时设置的要求也要区分，以保证学生能够正确掌握实时翻译与文学翻译的方法及要领。在实际教学中，应用语言学强调的是以学生的具体目标为基础，通过制定切实可行的教学方案来保证教学效果。在这种前提下，如果学生对英语的基础知识的了解和掌握并不多，就应该强化对学生的口语教育力度，使学生能够积极主动地开口说英语。

（二）找到了英语教学误区

1. 重视语法，忽略情感

英语作为一门语言学科，语法知识固然是其规范表达的重要途径，但情感才是英语语言当中的主旨，这是一切语言教学都应明确的观点。然而在实际教

学过程中，很多教师都以学生对语法、发音、理解等内容为主，对英语课文的分析更是拆分到句子、短语，甚至是单词，对语法的使用和句子结构组成的分析占据了很多授课时间，这种忽略英语语言情感效果的教学行为，让学生忽略了英语的语言本质，也忘记了英语学习的实际运用目的，在削弱教学效果的同时，也打消了学生对英语学习的兴趣。

2. 纠正错误而不分析错误

在目前的英语教学过程中，绝大部分教师都会在发现学生错误的时候马上指出，但却不对错误进行进一步的分析，这会造成学生知道错，却不知道错在哪的情况，以至于学生还会出现类似错误。所谓教学就是“以教促学”，“教”是手段，“学”是目的，虽然教师在竭尽所能地“教”，但却忽视了学生“学”的效果，这是教师将学生学习水平的理想化的表现，也是导致英语教学效果偏低的重要原因。从学生英语学习角度考虑，教师所要做的不仅是纠正错误，而且应该针对学生的错误及时地进行分析，掌握和了解学生在英语学习方面的不足，并有针对性地给予学生指导，让学生知道自己“错在哪”，如何避免错误的再次出现。

三、基于应用语言学理论的英语教学分析

（一）中介理论与英语教学

1. 中介理论

中介理论近年来在我国二语教学领域受到了广泛的重视。不同的是，该领域的学者把这一理论称为中介语理论。其实，中介语理论应该是中介理论的一部分。

中介语（Interlanguage）这一术语最早由美国学者塞林格（Selinker）于1972年提出，其定义、性质和特点等目前学术界并没有形成完全统一的看法。我国语言学界在使用“中介语”这个概念时所指的对象有所不同。狭义的中介语指第二语言学习者在学习过程中所形成的一种特定的语言系统，而广义的中介语还包括地方普通话那样的过渡语。① 普通话的过渡语和第二语言教学中的过渡语在性质上是有不同的，应该把二者区别开。

就狭义的中介语来说，又有两层含义，一是指学习者语言发展过程中某一特定阶段的稳态系统，二是指从甲阶段发展到乙阶段的动态轨迹。② 中介语研

① 于根元. 应用语言学概论［M］. 北京：商务印书馆，2003：110.

② 于根元. 应用语言学概论［M］. 北京：商务印书馆，2003：110.

究的重点在于描写和分析动态轨迹，而对动态轨迹的描写必须以稳态系统的描写为基础。但不管怎样，可以肯定的是，中介语这种语言系统在语音、词汇、语法、语用方面既不同于学习者的第一语言，也不同于目标语，而是一种随着学习的发展向目标语的正确形式逐渐靠拢的动态语言系统。

2. 英语学习中的中介语石化现象

绝大多数英语学习者语言水平提高到一定程度后，语言能力就会处于一种停滞不前的徘徊状态，这就是中介语石化现象。在第二语言学习的过程中，除很少一部分语言学习者能够达到目的语与母语相当的语言水平外，其他大部分学习者都会遇到不同程度的中介语石化现象。对于学习者来说，中介语石化现象不仅是永久性存在的，而且还具有反复性特点。永久性是指英语学习者在掌握目的语过程中发生的语言形式错误既是常见的、持久的，也是不可避免、不可消除的；反复性是指英语学习者在英语学习过程中发生的语言形式错误是有规律的，大部分错误是可以避免的。语言学习者只要能够及时接触大量最佳语言输入，加大语言学习量就能克服和避免反复出现的石化现象；反之，石化现象就会变成永久性的，进而严重阻碍学习者向目的语过渡的进程。

3. 基于中介语石化现象的英语教学优化策略

（1）保证足够量的最佳语言输入

最佳语言输入对学生语言感知和语言习得起着重要的作用。对语音、语义等语言的感知是进行跨文化交际的前提，学生要想提高英语学习水平、熟练运用英语进行交际就必须完成对英语的感知和理解，在学习者当前知识状态的基础上提供略高于当前水平的可理解的输入，这样其语言习得机制才会被激活。因此，教师在英语教学过程中要以学生已有信息为基础对学生进行大量的正确的目的语输入，这样才能使学生不断积累并尝试使用目的语，从而减少母语的干扰程度，克服原有的固化思维和石化现象。除了足够量的语言输入外，语言输入的最佳性对目的语认知习惯的建立和预感的培养也发挥着重要的作用。一般来说，当教材内容低于学生现有水平时，会使课堂教学索然无味；高于学生现有语言水平又会造成教学内容晦涩难懂，使学生对语言学习产生厌恶甚至是抵触情绪。选择科学合理的教材，更新教学理念，增加英语知识的输入量，增强他们学习英语的动机，营造真实的语境，提高教学的趣味性、多样性和挑战性，有助于减少中介语石化现象的发生。同时，教师要提高自身的基本素质，充分发挥教师的主导作用，尽量使用正确的、接近目的语水平的语法和句型，灵活运用教学法，尽可能提高学生的语言能力和交际能力，帮助学生突破暂时性的中介语石化现象。

(2) 培养学生正确的学习策略和交际策略

学习策略是学习者在学习英语过程中所采用的各种方法和手段，学习策略对语言学习起着至关重要的作用，有效的学习策略能够帮助学习者尽快实现自己的学习目标，而错误和失败的学习策略则极易造成中介语石化现象的产生。因此，在教学过程中，教师应教会学生根据不同的教学内容采用不同的策略，鼓励学生形成应用英语意识和比较性学习，激发他们的学习兴趣，不断提高他们对目的语的学习要求，让他们从被动学习转化为主动自觉学习，防止中介语石化现象的产生。

交际策略作为交际能力的重要组成部分，对学生语言能力、交际能力的发展具有重大影响。交际策略是指语言学习者在跨语言交际过程中为避免交流障碍而采取的方式方法。学习者学习掌握外语的主要目的是为了交际，但在当前高校英语教学过程中，交际教学法过分强调语言交际目的，忽视了学生语言能力的发展，这种重意义、轻形式的教学方法不仅容易导致学生在遇到交流障碍时采用回避、简化等消极交际策略，而且还容易使个体石化演变为群体石化。因此，教师在教学过程中应引导学生采取积极的策略，避免中介语石化现象从暂时性演变为永久性。

对于外语学习者来说，中介语是介于母语与目的语之间的一种过渡性语言，是每一个语言学习者必经的阶段。作为中介语重要特征的中介语石化现象是外语学习过程中的一种普遍现象，也是二语习得过程中不可避免的现象，造成中介语石化现象的原因是多方面的。在英语教学中，要避免中介语石化现象，英语教师不仅要意识到语言间的文化差异，充分了解目的语的文化背景，还要从学生的实际情况出发，采用有效措施防止和避免中介语石化现象的产生。

(二) 动机理论与英语教学

1. 动机理论

“动机”源于拉丁语“movere”，意为推动、引起活动。从现代心理学的角度出发，将其定义为“推动个体从事某种活动的内在原因”。[①] 动机是构成学生有效学习英语的关键因素，我国受到高等教育的学生中学习英语的主要动机大致可分为六种类型：获取学分、评优评先、找工作、实现和外国人的无障碍交流、留学以及移民。可以将这六种类型的学习动机大致概括为工具性动机和参与性动机两大类。其中以工具性为动机的学生主要是为了通过阅读外语文

① 徐学俊，王文，刘启珍．心理学教程［M］．武汉：华中科技大学出版社，2015：155.

本来提升自身的英语水平，从而能更好地投入英语语言学习中，这是将英语作为一种工具媒介，通过学习英语来达到其他目的。以参与性为动机的学生主要是为了实现和外国人进行一定程度上的交流，从而达到学习并掌握第二外语的能力。

2. 动机理论在英语教学中的融入

新时期的高等教育要求打破传统课程的结构体系，培养出拥有知识、能力、素质的专业人才，通过创新教育模式，将应用语言学动机理论科学合理地融入高校英语教学中不失为一个好方法。

（1）平等亲近的师生关系是激发学习动机的基础

平等亲近的师生关系对于学生学习动机的激发起着至关重要的作用。众所周知，对于学生来说，更喜欢平易近人的教师，学生与这样的教师沟通交流起来更加轻松，而教师在对学生的学习动机进行激发时，采取的策略也更容易被接受。反之，不平等的师生关系则容易使学生产生逆反心理，使其厌恶课堂，这对学生动机激发策略的实施非常不利。

（2）活跃和谐的氛围是激发英语学习动机的前提

好的学习氛围可以感染到每一个学生，使学生更主动地参与英语课堂，而活跃的英语课堂则更能激发学生的学习兴趣，进而增强学生的学习动机，使得学生的英语学习更加持久高效，从而起到事半功倍的教学效果。

（3）具体可行的学习目标是激发英语学习兴趣的良方

在教学过程中，英语教师需要给学生设定一定的学习目标，具体可行的目标会使学生在学习过程中找到信心和动力，不会因任务简单而失去兴趣，也不会因任务过难而想要放弃。

（4）积极正面的评价是促进学生前进的推动器

英语教师在学生完成任务后，给予其积极正面的评价非常重要。无论学生任务完成得如何，是成功还是失败，英语教师都应该给予学生合理的归因，对其做出积极评价。这样，可以使学生对自己充满信心，从而激发起内在的学习动力，在今后的英语学习中加倍努力。

第六章　新时期立足跨文化交际视角的英语教学方法研究

语言是文化在人类社会劳动中不断作用的产物，两者之间是紧密相连的。在 21 世纪，这个不断跨越文化屏障进行人与人之间和谐沟通的时代，人们所进行的跨文化交际不仅是两种完全不同语言的碰撞，更是语言背后所彰显的文化之间的交流与融合。本章即对跨文化交际视角下的英语教学方法进行研究。

第一节　跨文化交际解读

一、文化对交际的影响

（一）文化的概念

文化通常有广义和狭义之分。广义的文化是宏观概念，即人类在社会发展过程中所创造的物质财富与精神财富的总和。它将人类社会生活的全部内容纳入文化定义的区域，着眼于人与自然、人与社会、人与动物的本质区分，着眼于人类的社会实践活动以及由此实践所导致的人与自然关系的变化。

狭义的文化是微观概念，又称人文文化，是指某一社会集体在长期历史发展过程中经过传承积累而自然凝聚的、共有的、物质生活之外的精神生活。它排除广义文化概念中的物质创造活动及其结果的部分，专注于人类精神文化的创造与成果。狭义的文化是社会的意识形态，以及与之相适应的制度和组织机构，包括思想道德、民俗风情、教育、科学、文学艺术、社会制度、组织机构等，狭义的文化是人的全部精神创造活动的总和，包括意识、观念、心态和制度等内容，相对于广义文化而言，属于精神层面，被称作“小文化”。它和经济、政治共同成为人类社会的三大支柱。

（二）文化对交谈模式的影响

文化对言语交际的影响首先体现在对交谈模式的影响。交谈是一种重要的交际方式，人们的交谈模式因为各自文化的不同而呈现差异。一旦人们掌握了某个文化的交谈模式，与人交谈就是一种快乐的体验。

1. 何时讲话

就何时讲话的问题不同的文化有不同的习惯。英国人一般不和陌生人交谈。当他们等车或者在其他公共场所时，一般不通过与陌生人闲聊来打发时间，如果遇到陌生人主动讲话，如问问题，他们会尽量进行简短的回答，如“是”或“不是”。而有些文化中，人们愿意与陌生人闲聊。当他们遇到那些来自不愿与陌生人交谈的文化中的人时，他们就会认为对方高傲、不合作。而对方却会认为他们说话太多，不可信任。

2. 话题的选择

不同文化背景的人们在交流时，要注意话题的选择。在中国，人们在交谈时习惯谈论家庭背景、教育情况、工作等涉及个人信息的话题。而在讲英语的国家，谈论此类话题是不合适的，尤其是在与那些不熟悉的人谈话时，会被认为是侵犯隐私。讲故事和典故能够愉悦他人，是所有文化都欢迎的话题。但是，一定要注意交谈中不要涉及禁忌话题。

3. 话轮转换

话轮转换是指发话者与受话者不断交换所扮演的角色，即发话者变为受话者，受话者变为发话者。它是会话管理研究中的中心话题。不同文化的人们在谈话时话轮转换的习惯也不同。有人把美国人的谈话比作打乒乓球，话轮转换的方式就像乒乓球一样在两人间来回往复。谈话中人们常用副语言、眼神交流及姿势来暗示话轮转换。而人们常把日本人话轮转换的习惯比作打保龄球，人们要等待说话的时机。谈话中经常出现停顿和沉默，因为人们一般不会打断别人讲话，而是习惯保持沉默自己思考。

（三）文化对交际风格的影响

1. 直接交际风格与间接交际风格

所谓直接交际风格，即交际中人们把自己的愿望或意图直接地表达出来。交际中人们更多的是依赖语言符号来传达信息。比如在美国，人们常使用“当然了”“没问题”“毫无疑问”等表达方式来直接表达自己的观点，在交际中人们强调语言的准确性。一般来说，西方国家如美国、英国、德国及加拿大等，多采用直接的交际风格。

而间接交际风格指在交际中人们会有意识地隐藏自己的意图，或者通过间接的方式表达自己的意图。间接交际风格的特点是使用含蓄的、含糊不清的语言。交际中，人们更多的是依赖非语言符号来传达信息，即人们不依赖“言传”而更多地依赖“意会”，人们对意义的理解很大程度上来自语境。而且，在间接交际风格的文化中，人们会尽量保全对方的面子，避免发生正面的冲突，以便保持良好的社会关系。一般来说，中国、日本、泰国及韩国等国家更倾向于采用间接交际风格。

2. 个人交际风格与语境交际风格

个人交际风格指在交际中人们强调交际者个人的身份。在个人交际风格强烈的语言文化中，句子多使用第一人称代词。例如，在英语中只有一个第二人称代词“you”。无论与朋友、陌生人还是与总统先生讲话，都可以使用“you”，而不像汉语中使用“您”。美国人在交流时，一般比较随意，很少使用正式的称呼，最常用的词语是“you”和“I”。

语境交际风格指在交际中人们强调角色和地位。社会语境决定了词汇的选择，尤其是代词的选择。例如，日本人就多采用语境交际风格，其语言的特点是使用很多敬语，交谈中人们要根据自己的地位和对方的地位选择恰当的敬语形式。

二、跨文化交际的内涵

跨文化交际是语用学和应用语言学的一个新的研究领域。尤其在经济文化全球化的今天，人们需要经常出去走动，这使得人们不可避免地要与不同文化的人交流。简单地说，跨文化交际是指不同文化背景的人们（信息的发出者和接收者）之间的交际。当信息发出者向信息接收者发出信息的时候，交际便产生了。

在过去，只有一些人类学家和人种学家才会研究跨文化交际，但近些年来，跨文化交际引起了广泛的注意，越来越多的人开始研究起跨文化交际。

跨文化交际的英语名称是 intercultural communication 或 cultural communication，前者更注重交际，后者更注重文化的差异。它既指本族语者与非本族语者之间的交际，也指任何在语言和文化背景方面有差异的人们之间的交际。由于不同民族、不同国家拥有不同的生态、物质、社会等环境及不同的宗教信仰，因而在语言环境中就有了不同的语言习惯、社会文化、风土人情等诸语境因素。所以不同文化背景的人们说话方式及习惯是不尽相同的。在交流中，人们总喜欢用自己的说话方式交流或解释对方的话语，这就可能对对方的话语做出不准确的推论，从而产生交际冲突和故障。①

胡文仲教授对跨文化交际的定义是：具有不同文化背景的人从事交际的过程就是跨文化交际，并认为跨文化交际可以是国家与国家之间、民族与民族之间、个人与个人之间的交际活动，内容可以涉及政策、政治观点、价值观、风俗习惯、礼貌、称谓、服饰、饮食等各个方面。胡文仲进而把它们分为主流文化、亚文化、地区文化、小群体文化，并指出跨文化交际研究应该首先把目光集中于国别研究，集中于一个国家中的主流文化。②

顾嘉祖教授指出，跨文化交际一般指的是具有不同语言文化背景的民族成员相互间的交往活动，也指同一语言不同民族之间的交际，还有人认为跨文化交际是泛指一切语言文化背景有差异的人们之间的交际。③

从英语教学的角度来看，跨文化交际是指具有不同语言文化背景的人们之间的交际。由于东西方民族具有不同的文化背景，要使来自不同文化背景的人们顺利地进行跨文化交际，就必须具有强烈的跨文化意识，清楚地了解本族文化与外族文化的差异。

三、跨文化交际中的言语交际与非言语交际

（一）言语交际

语言是一门艺术，语言行为交际是利用语言完成的交际行为，也就是利用所说的话或写出的文字来达到交际的效果。语言行为交际的实质是交际主体根据对自己角色和语填的定位和选择，去组织有效的话语，以实现自己交际的全过程。比如利用话语因素，如语音和话语节奏来达到言语交际的最佳效果；充分利用语言的抑扬顿挫、轻重缓急来进行双方思想感情的沟通。如果语言表达得单调呆板，则很难吸引听者的注意力或激发听者兴趣。要成为真正的跨文化交际高手，就要成为善于运用语言技巧的艺术家。因为语言交际本身是一个说与听的互动过程，交际是否成功取决于是否理解对方的语义。

（二）非言语交际

非言语交际指在交际中由信息发出者自觉或不自觉发出的，对信息发出者

① 边明华. 浅谈跨文化交际与外语教学［J］. 科技信息（学术研究），2008（2）.
② 胡文仲. 跨文化交际面面观［M］. 北京：外语教学与研究出版社，1999：1~7.
③ 顾嘉祖. 语言与文化［M］. 上海：上海外语教育出版社，2002：1~3.

或接收者双方都存在潜在信息价值的刺激。非言语交际不是通过口头与书面语言在沟通中传达信息的过程。非言语交际形式包括语音语调、眼神交流、身体接触、脸部表情、空间距离等方面。很多研究表明，沟通的大部分含义不在语言表达之中，而在语言之外。文化和非言语交际行为是长期历史和文化积淀形成的某一社会共同的习惯，非言语交际是文化习得的结果，是影响跨文化交际的文化基本因素。

非言语交际不可能是孤立存在的，必须伴随着言语信息、语境以及信息的接受者所关注的方面而存在。例如，中医诊断疾病的方法是“望、闻、问、切”，其中的望是非言语行为动作，对病人的神、色、形、态进行有目的的观察，以测知内脏病变，配合语言交际来完成诊疗的过程。非言语交际对言语交际起到了辅助作用，这种辅助作用主要体现在以下几个方面。

1. 重复

言语信息不能完全表达的，可以通过非言语行为的重复来进一步解释说明。例如，在表示同意时，一边用语言给予肯定，同时一边点头，伴随的是赞同的表情和态度。点头起到的是重复指示作用。在指示方向时，人们往往会一边用语言描述，一边用手指向那个方向。

2. 否定

言语信息所传达的意思，不一定是真实或者准确的。非言语行为所传达的可能与语言行为所传达的信息完全相反，起到否定的作用。

3. 代替

不愿或不便用语言来描述或者表达的，可以通过行为动作来传达，达到“心照不宣”。例如，交通警察在指挥交通时使用的手势，就是代替语言来传达指示和指令。

4. 补充

可以对语言表达起到修饰和描述的作用。例如，在拒绝别人的时候，通常除了语言上的拒绝以外，人们还会在胸前做双手交叉的动作，或者摇头和摆手。

5. 强调

非言语行为还可以加强语言表达时的态度。例如，在为别人加油的时候，同时会握紧拳头，振臂高声呼喊；也可以用手掌轻拍对方的肩膀，给予鼓励。生气时，配合语言流露出激动的表情，甚至可能会有拍打桌子的动作出现。

四、跨文化交际的有效性与恰当性

有效性和恰当性是跨文化交际的重要原则和标准，跨文化交际学界普遍认可的评判跨文化交际表现的两个标准就是恰当和有效。语言的适应性是交际能力的核心，语言的使用要符合一定的语言环境。跨文化交际的有效性是指经过一定的努力，在一定的时间内成功实现既定目标、得到应有回报；恰当性指在交际过程中交际双方认为重要的准则和规范，以及他们之间关系的期望没有受到严重侵犯。跨文化交际的目的是要达到跨文化有效沟通。跨文化有效性主要涉及三项结果：完成任务、适应新文化能力、建立健康的人际关系。合理、有效的沟通方式被视为跨文化交际能力的重要组成部分。

跨文化互动能力和跨文化交际能力基本等同，指不同文化背景的交际者实施有效得体的言语或非言语交际行为及处理交际行为所产生的心理问题和交际后果的能力。衡量跨文化互动能力的主要标准是：有效性得体性、适应性和创新性。交际的功效主要体现在三个方面：个人适应、人际互动、任务完成，能够促成高功效交际结果的那些个人因素被视为跨文化能力的构成。在跨文化交际中，话语不得体会严重影响交际效果，得体原则是言语交际的一条总原则。而要做到交际得体，须考虑交际内容、交际形式、交际风格、语境等众多因素。

综上所述，有效性和恰当性是跨文化交际的重要原则，成功的跨文化交际者应具备实现跨文化交际有效、得体的能力。

第二节　跨文化交际视角下英语教学存在的问题

一、英语教师缺乏跨文化教育意识

跨文化教育是一种理念，可以使学生理解目的语文化，消除文化壁垒，形成正确的跨文化意识。然而，传统的英语教学不注重语言的交际价值，即在培养学生语言能力的同时，没有重视语言的交际能力，无法使学生认识到母语与目的语之间的文化差异。语言能力不等于交际能力，语言知识不等于语言运用。英语教学的目的不仅是传授语言知识，而且要培养学生能够灵活运用所学语言的知识，在不同场合对不同对象进行有效的跨文化交际。

英语教师本是学生英语学习的主要引导者，起着沟通学生个体文化和目的语文化桥梁的作用。然而，实际情况是，很多英语教师跨文化教育意识淡薄，认为英语教学就是讲授语言知识。重语言形式轻社会文化因素，重视学生语言形式的正确与否或使用得是否流畅，而较少注意结合语言使用的场合。作为语言讲授者和文化传播者的英语教师，如果本身对本国传统文化缺乏充分的认识、理解，缺乏全面的中外文化观，就无法正确掌握目的语与母语文化的平衡，也就无法在文化教学中培养学生平等的跨文化交际意识，就难以做到对语言文化背景的理解和发掘语言形式内的文化内涵，就不可能帮助学生理解不同文化之间的差异。只有通过对中西文化的教育、比较、取舍、参照、传播的融通等，使学生掌握文化的共性与差异性，树立对文化的正确理解，这样才能最终实现跨文化教育的目标。

英语教师的重要职责之一就是帮助学生了解目的语文化背景，除了培养学生的语言基本技能之外，还要充当跨文化交际辅助者的角色，起到一个文化“桥梁”的作用。只有扮演好这一角色，教师的语言教学才能成功，学生的语言综合运用能力才能得到提高，才能在跨文化交际中实现成功的交际。因此，英语教师的教育理念要更新，要积累深厚的跨文化知识和培养较强的跨文化意识，提高跨文化理解的技巧，使跨文化教育的理念得到内化与升华。

二、跨文化交际教学方法不尽合理

从目前的情况看，多数教师不能灵活、有效地运用各种英语教学方法实施跨文化交际教学。这主要表现在英语教师还不能掌握各种现代教学法与手段，特别是还不太善于根据具体教学目的的需要选择最适用的教学法。在英语的教学中偏重语法和句法解释，偏重语言交际技能训练，而忽视文化背景以及非语言交际因素。知识的传授也往往注重书本知识，而对如何引导学生通过大量阅读书刊、文献等获取跨文化交际知识做得不够，对拓宽学生知识面也不够重视，方法运用也不得当。在课堂教学中，大多数教师只重视语言形式的正确性，很少教授如何得体地运用语言形式，英语文化知识的介绍也很少，随心所欲，点到即止，缺乏系统性。甚至有些英语教师本身对跨文化语用知识知之甚少。在遇到跨文化语用现象时，他们常用“惯用法”来做解释，但很多语言现象并非“惯用法”所能概括，结果导致学生因为枯燥地记忆一些句子和表达法，却不会运用，而逐渐对所学英语失去兴趣。

以教师为中心的教学原则和方法，既忽视了学生的主体作用，也不利于培养学生的跨文化交际能力。实际上适合跨文化交际的英语教学方法很多，如语法翻译法、直接法、听说法、交际法、自觉对比法等，各个英语教学派别都存在自身的优势与不足之处。作为英语教师，在教学中应扬长避短，将各种方法的优点灵活运用于课堂教学当中，从而提高课堂教学效果，积极引导学生对中西文化进行客观比较，用历史辩证的眼光去透视各种文化的不同点，用超然的态度去追索其差异的渊源，从而增强学生的文化属性敏感度，树立正确的跨文化意识，从而增强学生的跨文化交际能力。

三、教学评估中文化意识缺失，对跨文化知识水平的重视程度不够

目前的英语测试体系不是很合理，不能全面地反映学生实际运用语言的能力，也没有体现出对中西文化差异意识的培养。这些测试主要关注的还是英语语言的基本知识，对文化的强调微乎其微。应试体制下的教师和学生很难具有文化意识，如果教学测试不包括对文化知识和能力的评价，而把全部的希望放在教师和学生主动地进行跨文化交际能力的学习和培养上，显然很不现实。

第三节　跨文化交际视角下英语教学的改革举措与创新探索

一、跨文化交际视角下英语教学的改革举措

（一）提高英语教师的跨文化综合素质

1. 更新教学理念

基于跨文化交际的英语教学实施，要求英语教师主动对自身的教学理念不断更新。如今，各种新的教育教学理念不断涌现，带动了教学模式和教学方法的革新，传统的英语教师很难跟上革新的步伐，他们面临很大的挑战，而最大的挑战是他们的传统教育思想和观念。面对这种严峻的挑战，英语教师必须积极行动起来，寻找属于自己的新的位置，使自己的教育思想和观念能适应当前的教育教学要求。

基于跨文化交际的英语教学要求教师实现从教师中心到学生中心的转变，着力培养学生的语言交际能力、自主学习能力和人文素养。因此，英语教师必须严格要求自己不断接受、掌握新的教学理念，学习新的学科知识。

2. 提高现代教育信息技术的运用能力

基于计算机和网络技术的教学是进行英语教学改革的有效途径。随着现代信息技术的发展，现代教育信息技术与大英语教学的融合成为越来越多学者所

关注的对象。在外语界，尤其是英语教学领域的许多学者，对有关信息技术与教学的整合、对基于计算机和网络的教学新模式的必要性和可行性进行了大量的论证。在信息化高速发展的今天，学校要紧跟时代步伐，在教学中充分利用多媒体和网络技术来改善传统授课模式。

以上内容表明，现在的英语教学已越来越重视信息化教育技术在教学中的运用。所谓信息技术与课程教学的整合，是指在现代教育理论指导下，将信息技术、信息资源等与课程教学有机结合的一种新型教学方式，这种整合是集知识、素养、工具三要素于一体的，具有文化特质的计算机信息技术与学科的融合，是一种以信息技术为媒介的教学模式；这个模式的操作范式可以体现出多元化、综合性、个性化等特征。①

随着教育信息化的迅猛发展，我国大多高校都建立起了高速便捷的网络环境，建设了多媒体教室、网络教室和多功能厅，这些为信息技术与英语课程教学之间进行整合提供了必要的外在条件。但要充分利用这些教学资源，发挥其应有的功能，前提条件在于教师，因为只有教师自身首先掌握了教育信息技术，懂得了如何使用信息资源，才能在教学活动中顺利运用、实现信息技术与教学的整合，达到满意的教学效果。因此，在跨文化交际视域下的英语教师，必须提高自身的现代信息教育技术能力和素养。

3. 加强文化方面的培训

在我国的英语教学中，传统的教学方法之所以代代相传，是因为这些方法在英语教师的脑海中根植下来。因此，从源头抓起是培养合格的英语教师的关键。换句话说，要让教师逐渐学习和接触新的教学理念与方法，同时鼓励他们不断创新教学方法，这样才能用新的教学方法与教学理念影响学生。当然，要想塑造高质量的教师，培养教师的跨文化意识，必须对教师进行文化层面的培训。

（1）文化能力培训

文化能力包含三个层面：文化知识、文化意识、文化行为。因此，文化能力培训的目的可以总结为如下几点。

①帮助教师补充文化知识

即让英语教师对语言、文化、交际三者的关系有所理解和把握，对本土文化与他国文化的差异性有清楚的认知，对文化、跨文化意识、跨文化交际、跨文化能力等相关概念有清楚的理解和把握，对英语在国际上的地位和作用有清楚的认识。

---

① 杨翠萍，刘鸣放. 大学英语教师的信息化教育技术能力及其培养［J］. 外语界，2006（4）.

②帮助教师提高文化意识和跨文化敏感性

即让英语教师认识到文化在个人、社会所起的重要作用，尤其认识到文化对跨文化交际的作用；让教师愿意对不同文化进行了解，并且愿意同不同文化背景下的人们展开交流；培养教师对文化差异的捕捉、欣赏、理解能力；让教师能够对自己的言行、跨文化交际经历等进行反思；让教师对自己的跨文化敏感性发展情况进行分析与汇总；让教师能够发挥出文化教学的功能，并且有意识、有计划地开展跨文化英语教学。

③帮助教师调整自己的文化行为，提高跨文化交际能力

即让英语教师根据不同文化，对自己的交际方式进行调整，并且采用多种策略、多种手段来进行交际；让教师能够与不同文化背景的人建立友好平等关系；让教师勇于参与文化研究与学习，对新的文化群体展开分析和了解。

（2）文化教学培训

对英语教师进行文化教学培训，步骤如下：

确定文化教学的目标；设计文化教学大纲；选择文化教学方法，并且有效使用；分析并合理利用教材，并且结合教材添加一些辅助材料；布置文化学习任务；确定文化学习的评价方法。

（二）改革课堂教学方法

英语教学本身就是一种跨文化实践活动，这种跨文化实践主要表现为课堂教学的英语和汉语之间的转换，而这种转换的成功实施关键在于采取合理有效的课堂教学方法，因此，课堂教学方法的调整是跨文化交际视域下英语教学改革的重要环节。但是，当前的英语课堂教学方法主要是教师对英语语言及文化知识的灌输，课堂教学以教师为主，学生只是被动接受教师传递的各种信息。这样的教学方法只对学生语言知识能力的培养起作用，而对于培养跨文化交际能力中的语言技能、语境选择能力、交际者关系判断能力等都没有涉及，因此，对现有的英语教学进行改革，必须从课堂教学方法入手。

第一，预设情境，增加学生的跨文化体验。英语国家之外的学生学习英语的最大问题在于其学习生活的场景是非英语场景，学生缺乏场景体验，因此，在英语教学中教师很难对学生语境选择能力、交际者关系等方面的能力进行有效培养。改革课堂教学方法，就需要在课堂教学中预设各种各样的交际情境，使学生通过相应的角色扮演去获得较为真实的交际体验。

第二，追根究底，组织讨论。不同交际场景要用到不同的社会文化知识，同时为了交际需要，还需要采用一定的语言技巧，才能使交际氛围更加融洽。仅依靠识记能力，并不能完全使学生掌握这些技巧，要使相关语言技能真正成

为学生知识结构的一部分，就需要对某些问题追根究底，组织学生对问题进行深入讨论，使学生深入英语文化场景中，深刻理解各种语言技能的使用，以及语境选择能力等的实际运用。

第三，增加互动，加强对话。跨文化交际视域下的英语教学最终目的是使学生在跨文化交际中能够有话可说，能够达成交际目的，英语对话训练是英语教学方法改革的重要内容，这就需要教育工作者调整之前完全由教师讲授的模式，使教学活动转变为教师和学生的英语对话，或者学生之间的英语对话，这种对话训练会使学生的语言组织能力、语言技能等方面得到加强。

第四，文化比较，改变认知。以汉语为母语的学生在进行跨文化交流时所采用的文化思维往往为汉语思维，其行为模式也是国内民众可以理解的行为模式，但由于文化差异，汉语和英语蕴含着不同的文化思维，在汉语思维中所认可的行为并不一定能够在英语思维中得到认可，反之也是同样。因此，在跨文化交际中，学生要调整文化思维，改变认知习惯，才能在跨文化交流中正确理解对方的意图，教师可以在课堂教学中通过词汇等方面的文化比较，使学生更多地体验这种文化差异，改变认知习惯。另外，随着社会环境变迁，课堂教学不再限定于传统的课堂概念，互联网等新兴教学平台也逐渐成为课堂教学的一部分，同时也形成了微课程、慕课等新的教学形态，以学生跨文化交际能力培养为目标的课堂教学方法的改革也需要延展至更多的平台和途径。

（三）建立科学的教学评价方式

教学评价方式是与教学模式相对应的。传统的英语教学模式注重学生知识的训练，学生的技能训练很少或者很不科学，其评价方式一般采用终结性的评价，主要为笔试，考题应试教育成分很浓，相当一部分学生学习能力与实际运用语言的能力之间差距很大。

在跨文化交际教学中，交际法具有灵活性，它使英语教学过程交际化，因而学生对语言的运用也十分灵活。在课堂言语交际中，学生注意语言交际功能，在每一节课中主动建构学习，由此，传统的评价方式无法适应交际教学的要求。而阶段性评价则有利于提高教学效果，对基于跨文化交际的英语教学而言显得更为重要。英语教师要经常性地开展阶段性评价，并多采用实践性的评价手段。可根据学生在课堂上的演讲质量、小组讨论的有效性、主动参与度、学习任务的完成情况等方面，来评价学生的综合表现，这样的评价体系有利于促进学生自主学习能力和自我效能感的提高。

二、跨文化交际视角下英语教学的创新探索——全球理解课程

（一）全球理解课程的时代价值

发源于美国的全球理解课程（Global Understanding Classroom）采用网络视频会议、电子邮件等工具，将不同国家的学生分组配对，进行实时交流和非实时沟通，具有学科多样性、课程完整性、学校自主性、学生合作性、沟通情景性等特点。

全球理解课程本来是帮助美国学生了解世界的课程创新，对于我国高等教育而言，也是一种英语教学的新方式，它是对学生英语听说读写译的应用和训练，更是对学生跨文化交际能力的培养，促进了我国学生与其他国家学生之间的了解和交流，是英语教学的一种有益探索和实践。

全球理解课程顺应了全球化的时代特征，满足了全世界人民对文化交流的渴望，通过精心设计不同国家学生的实时交流，既成了美国等英语国家学生了解世界的平台，也为非英语母语学生学习英语和了解不同文化提供了机会，对于高校而言更是全球化背景下的一项教学创新。在这一新的英语教学方式中，学生身临其境地接触各种文化，沟通变得更迅捷，学习变得更有趣。

全球理解课程之所以能够出现和存在，其物质基础是迅猛兴起的信息技术——互联网的出现、发展和成熟，为其提供了强有力的保障。现在，网络信息技术已经渗透到当代年轻人生活学习工作的各个方面。随着技术的蓬勃发展，设备越来越先进，课程讨论越来越方便，情景越来越“真实”，成本越来越低。最重要的是，对于每个参与的学生，既可以学习英语，也能了解世界其他国家的基本情况，特别是了解同龄人的思想和生活，开阔了眼界和思路，提升了语言交际能力。在学习交流的同时，学生们还拿到了这门课程的学分，这也是全球理解课程实现快速扩展的重要原因。

（二）全球理解课程对中国英语教学的启发

全球理解课程的出现给英语教学的启示，就是要深刻把握英语教学的目的，将工具性与人文性有机结合，改善英语教学效果，切实提高学生在英语学习中的主动性。

1. 在重视英语教学工具性的同时关注人文性

英语教学是我国英语教育的重要部分，学生在这一阶段开始专业训练、继续提高和准备就业，学生学习目标逐渐分化，英语教学的应用性开始凸显出

来。这时，英语教学一定要在实现其工具性同时，增强其人文性。对于英语教学的工具性，不论是教师还是学生，一直予以很高的关注，并形成了听说读写译能力培养的课程体系。但对于英语教学的人文性，重视程度远远不够。一是忽视英语语言的文化载体性，重“师人之技”轻“究人之理”。二是忽视本国优秀文化的推介，重接纳轻输出。三是急功近利，重视工具性目标的实现而忽视人文性目标的达成。当前，随着国际交往的日益频繁，政治、经济、文化的交流更加密切、快捷，人们对英语的日常运用越来越多，跨文化的社会交往能力越来越重要。除政府、学校外，一些培训机构，甚至企业也积极参与进来，培养适应全球化的熟练使用英语的国际交流人才，但与我国在国际上的地位相比，与社会需求相比，我们仍缺少大量的参与国际交流的人才。例如，在国际组织中，中国的工作人员远远低于一些发达国家，甚至是个别发展中国家。基于全球理解课程，可以通过利用先进的互联网技术，在提高英语工具性的同时增强其人文性，发挥英语教学在培养人才、传播文化中的作用。

2. 加强和改进交际性英语教学课程

我国英语教学的工具性很强，通用英语教学课程、专门英语教学课程很受重视，而且在教学实践中有很多值得继续坚持的好经验。例如，受结构主义影响，英语教学中以英语语法翻译为主线的教学，是许多优秀学者对英语语言规律的总结，应当继续加强。受行为主义的影响，英语教学以大量练习为手段，“熟能生巧”也促进了学生对英语的学习。近些年来，在交际性理念的影响下，一些教师开始强调语境、合作和互动，进行有意义的沟通，在教学实践中不但关注词句的内涵，还关注书面或口头沟通的风格，关注社交合理性和可靠性，同时避免过分强调语法正确。交际性理念指导着各种各样的教学改革，如多媒体教学、计算机辅助教学、网络课程以及英语四六级的改革等，甚至还有一些学校也开设了跨文化交际英语课程，所有上述这些改革措施在很大程度上推动着英语交际性实践，然而不足的是，英语的主要教学方式仍然是传统的灌输式。与之不同的是，全球理解课程将以网络视频为媒介的跨文化英语交流沟通扩展到不同国家、有着不同文化背景的全球公民，不但为我国英语跨文化交际教学提供了一个平台，同时也为交际性英语教学提供了样板。

目前，学生的跨文化交际动机增强、沟通倾听技术显著提高，其他跨文化交际能力也有进步。当然，要进一步加强和改进英语跨文化交际教学课程，全球理解课程只是一种初步探索，学校还可以根据学生英语程度和目标需求，开设不同层次的文化交流课程，以提高他们英语学习中的跨文化交际能力。

第四节　新时期英语教学中学生跨文化交际能力的培养

一、新时期英语教学中学生跨文化交际能力的培养目标

跨文化交际能力培养并非试图改变人们的基本个性和特点，而是增加其社交技巧和处理事务的技巧等，所以跨文化交际的教学目标是增加认知能力，强调情感能力，改变行为方式。同时在确定具体教学目标之前应该了解学生的学习动机，根据具体情况制订教学目标。例如，培训在外国工作人员的目标应该是：学习该国文化的政治、经济和商务惯例；知道应对新环境的方法；了解生活条件，包括学校、公共卫生设施和娱乐设施等。这些教学目标强调跨文化交际能力的认知内容，除此之外，情感内容和行为内容，即减压方法、领导技巧、交际技巧和协商技巧等也不容忽视。

对于大学英语而言，我国教育部要求教学目标应该包含培养跨文化交际能力，目的是提高英语应用能力和文化素养以适应我国对外交流的需要。而提高跨文化交际能力的目标就是要培养融语言知识、社会文化语言能力、策略能力和文化素养为一体的高素质、复合型国际化人才。更详细地说，语言知识包括语言的基础知识和篇章知识。社会文化语言能力包括语言功能知识和语言所蕴含的社会语言文化知识。策略能力包括评估能力，即对交际环境和形式的评估并选择得体的语篇和语言；目标设定能力，即根据交际环境和形式确立合适的交际目标和反馈；策划能力，即根据交际情景和场合决定选用哪些合适的语言知识要素和背景知识要素来达到交际目标；语言行为控制能力，即能够自如地调出和组织所需语言知识成分。

所以，要培养一名在国际化环境中，具备跨文化素养、语言交际能力、行为得体、善于沟通的复合型国际化人才，应该在英语教学中引入文化教学，注重社会文化因素和个人情感因素在跨文化交际能力培养中的作用。

二、新时期英语教学中学生跨文化交际能力培养的主要内容

（一）交际意识

交际是语言最基本的功能，也是英语教学的实质体现。跨文化交际脱离交

际这一英语教学的核心，就失去了其存在的意义。倘若教学中的师生两主体缺乏强烈的交际意识，即不从交际的目的以及交际的形式出发去理解和把握英语教学的全过程，势必会削弱教学基本功能的发挥，影响学生跨文化交际能力的生成和提高。从教学内容和教学形式上看，就会有意无意地走“老路”，把注意力集中在纯语言知识的掌握或纯语言形式的教学上，而不去注重学生跨文化条件下综合运用语言能力的培养。因此，培养交际意识是首要任务。

（二）文化对比意识

即对目的语与母语、目的语文化与母语文化进行对比的意识。唯有对比方能发现差异，方可有的放矢地进行语言与文化知识的教学。对比不能仅限于表层的形式对比，还应该有深层的内涵对比；不仅要进行语言的对比，还要有非语言的对比；不仅要进行语言、非语言形式与意义的对比，还要作言语交际行为的形式与意义对比。对比的目的主要是发现异同，以便跨文化交流顺利进行。

（三）对文化敏锐的洞察力

语言或语言使用中包含着许多文化因素，有些是显性的，但更多的是隐性的，属深层次的文化背景知识。教学中若对此缺乏应有认识，就难以揭示语言中深刻的文化内涵。这就要求对文化因素要有相当的敏感度，尤其是对文化相关现象的洞察，切不可被貌似相同的形式和相同的意义等表面现象所迷惑。另外，洞察意识还要求正确区分出教学中两种不同功能的文化因素，即什么是知识文化，什么是交际文化，以便有针对性地进行交际文化教学。当然，是否有洞察意识还取决于师生两主体本身文化素养的高低。因而，只有大力提高自身的文化素质，尤其是两种语言与文化的素质，才是确保具备洞察意识的关键。

（四）文化鉴别能力

它包括两个方面：一是去伪存真，二是去粗取精。所谓去伪存真，就是从纷繁多样的文化因素中，去掉虚假的、表面的东西，而保留真实的、典型的东西。也就是说，对于交际文化因素要选择那些具有真实和典型意义的部分，即能如实反映英语国家现实的材料，而不是虚假的或孤立的、属个别现象的材料。所谓去粗取精，就是通过有目的的选择，除去文化因素中消极的糟粕的部分，而留取积极的、精华的部分。这一点至关重要。因为语言除有交际功能、文化载蓄功能外，还有其特有的教育教养功能。切不可不加分辨，一味地照搬照抄，对于西方文化应有足够的鉴别能力。

（五）存我意识

英语教学中通常会出现“文化化”现象，即自觉不自觉地用目的语文化的思维方式和表达方式来“规约”自己的言语行为。究其原因，是因为学习英语几乎每时每刻都要理解生活在另一种文化中的人所致。当然，单从掌握语言的角度看这是对的，也是英语教学的目的所要求的，但若从文化角度看就不一定合适了。失去自我文化而一味地追求目的语文化，绝不是正常现象。跨文化交际是语言与文化的双向交际，但完全失去“我”文化的交际岂不变成了单向文化交际。因此，英语教学中保留一定的自我文化是必要的，大可不必去以牺牲自我文化而求取目的语文化。在这方面，教师要进行正确引导，使学生具有“存我意识”。

三、新时期英语教学中学生跨文化交际能力培养的有效策略

（一）建立开放、宽容、尊重的文化态度

每一个进行跨文化交际的人都代表着中国人的形象，其自身的表现会影响外国人对中国文化的印象和看法。在中国经济日益发展、国际影响力日益增强的今天，学生应该警惕出现狭隘的民族主义情绪，摒弃民族中心主义的态度，以开放、宽容、尊重的态度看待中国文化和西方文化之间的差异。只有具有这种积极的态度，才会赢得他人的尊重和信任，与处于西方文化背景的人们建立更加真诚、和谐的关系。每一种文化都有其优势，对于西方文化的优秀部分，学生在学习英语的过程中，必须要以虚心的态度、包容的态度面对它。

（二）导入英语国家的文化背景知识

语言是文化的载体。通过学习一门外语，学生可以了解异国的文化与社会，有利于学生在将来的多元化社会中学会理解他人、尊重他人。语言又是文化的写照，不仅反映文化的形态，而且语言结构部分或全部地决定人们对世界的看法。语言和文化是密不可分的，人们用语言来记录和评价客观事物，语言的应用无不受到文化体系的影响和制约。因此，要掌握两种语言，必须掌握两种文化。跨越目的语国家的文化障碍，才能做到交际的得体与妥当；提高语言语用能力，才能从真正意义上实施素质教育。反之，学生会因语义、语用及思维习惯和文化习惯的差异在交际中出现失误与不得体。

在英语教学中，文化是指所学语言国家的历史地理、风土人情、传统习

惯、生活方式、文学艺术、行为规范、价值观念等。接触和了解英语国家文化有益于对英语的理解和应用，有益于加深对本国文化的理解和认识，有益于培养世界意识。英语教师应根据学生的年龄特点和认知能力，逐步扩展文化知识的内容和范围，使学生了解英语国家文化及中外文化的异同；教学中涉及的英语国家文化知识，应与学生身边的日常生活密切相关，并能激发学生学习英语的兴趣。教师要通过扩大学生接触英语文化的范围，帮助学生拓宽视野，使他们提高对中西文化异同的敏感性和鉴别能力，进而提高跨文化交际能力。

（三）创设英语交际的文化语境

学生在运用英语的过程中经常出现这样的情况：或者对于所读、所听的英语词汇并不生疏，但却搞不清整个句子的确切含义，或者不知不觉地说出不符合英语习惯的表述方式。究其原因，就是学生不了解英语交际的文化语境，不了解英语语言所赖以存在和发展的文化背景，如传统礼仪、风俗习惯、风土人情等。学习英语的终极目的是用英语进行交际，如果不能用英语得体地表达自己的思想，促进与他人的沟通，就不能说真正学会了英语。因此，在学习英语语言知识、培养英语语言技能的同时，必须充分注意英语文化语境的作用。忽视了这一点，就难以正确得体地运用英语。

在日常对话中，学生最容易出现语用错误，因为对话涉及交际用语的规范使用以及礼仪习俗等。因此，除了让学生记住相关的交际用语、向学生传授必要的文化背景知识外，还应该设置特定的交际语境，灵活选用适当的训练方法，鼓励学生进行言语实践活动。例如，学习如何问路时，教师将所在市区的主要街道、商店、车站、邮局等建筑物画成形象直观的示意图，让学生分别扮作旅客和民警，进行问路、指路的情境对话；在教授如何购物时，可将教室布置成文具店、鲜花店、水果店、服装店等，让学生扮演顾客、店员等各种角色，从中体验人物的情感活动；在教授圣诞节的庆祝活动时，可将教室中间放上圣诞树，四周挂上彩色气球、艳丽鲜花、卡片等，墙上贴上“Merry Christmas”等图片，以烘托节日气氛。在这样的英语语境中，学生自然会潜移默化地获得跨文化交际的语言能力。

（四）积极开展英语课外活动

课外活动是英语教学的一个有机组成部分，也是英语教学改进的有效途径。相较于英语课堂教学的知识传授，英语课外活动更多的是相关语言知识的应用。英语学习的目的就是交际应用，通过英语课外活动的开展可以有效培养学生的学习积极性，同时也能使学生在语言应用方面的能力得到提升。在这一点上，英语课外活动和跨文化能力培养目标是一致的。英语课外活动多种多样，做好课内教学和课外教学的结合是课外活动的关键。课外活动的开展主要是形成各种各样的语言环境，这一点和情景模拟有区别也有共同点。创设多样化的模拟情境是通过对西方文化中的各种情境进行模拟，使学生足不出户便可感受到西方文化情境。开展各种各样的课外活动不仅包括对西方文化情境的模拟，同时也有对现实各种情境的创新，例如，各种英语朗读比赛、单词接龙比赛、说英语比赛等，形成了新语言情境。在这些新的情境中，学生需要充分调动自己的知识储备，灵活运用各种语言技巧，有效培养学生的知识应用、情境选择等方面的能力。英语课外活动形式多样，各种形式的课外活动不仅有助于英语听说读写能力的提升，也有助于各种英语跨文化交际能力的培养。

虽然当前英语教学中也会开展一些课外活动，但是相较于跨文化交际能力培养的需求而言，现有的英语课外活动在数量上显然是不够的，因此，积极开展英语课外活动也是跨文化交际能力培养导向下英语创新的应有之举。另外，由于过去语言知识能力培养的教学目标导引下的英语课外活动主要是为学生的语言知识能力提高服务，在活动形式和活动方法上还有一定欠缺，基于跨文化交际能力培养的英语课外活动还需要在形式和方法方面进一步解放思想，灵活创新。

（五）增强文化认同

在英语教学中，常常出现多数学生虽然能写出并讲出符合语法规则的句子，但表达方式往往不恰当或不得体的现象。究其原因，这些不恰当或不得体的句子违反了所学语言的文化规则，导致交际失误。其主要根源是交际双方没有取得文化认同。

文化认同意指个体对于所属文化以及文化群体内化并产生归属感，从而获得、保持与创新自身文化的社会心理过程。文化认同包括社会价值规范认同、风俗习惯认同、语言认同、艺术认同等。当今世界，全球化空前地拉进了各国家、各民族之间的距离，每一民族在发展自身文化的同时，都在有意或无意地进行着与其他文化的交流和互动，人们对本己文化和异己文化的异同之处不断加深理解和认识。在这一过程中，彼此间一方面在寻找共同话语，放弃或改变原有的一些观念和行为方式，以达到求同存异；另一方面又在加固着本民族文化的认同，以求民族文化有存在的根基，即费孝通先生经常告诫的要加强文化自觉。这在跨文化交际中文化认同是相互的，人类需要这种相互的文化认同，以便超越文化交流的重重障碍。文化认同是人类对于文化的倾向共识与认可，是人类对自然认知的升华，是支配人类行为的思想准则和价值取向。因此，文化认同可以被认为是指导跨文化交际的语用原则。

跨文化性或多元文化主义意指关于不同文化的认识和理解，以及在国内各种文化成分之间和世界各国不同文化之间建立积极的交流与相互充实的关系。各个现代国家必须不同程度地面临多元文化现象。跨文化教育或多元文化教育要能促进对文化多样性的尊重、相互理解和丰富，这不仅为多元文化做出了权威性释义，也为人们对民族文化、世界文化的认同提供了认识方向。

坚持以多元文化观为文化认同的价值取向，其目的正是帮助学生理解自己的民族文化和享有应有的文化尊重，并在认同本族文化的基础上，树立平等的、包容的、尊重的文化观，并从中吸取精华部分，以便获得参与未来多元文化社会所必需的价值观念、情感态度、知识与技能、有和平共处及维护文化平等和社会公平的意识和信念。

经济全球化、文化多元化，使跨文化交际成为时代的特征，不同国家不同民族间的交际或交流活动更加频繁。跨文化交际是在不同文化之间进行的交际，交际双方分属于不同的文化群体。这就意味着交际双方对彼此的文化身份有明确的认知，交际者非常明确我们是谁、他们是谁，明确在文化群体意义上是谁在和谁进行交际。如果交际者不能确认对方属于哪一个文化群体，不能确定彼此的文化身份，就不能构成跨文化交际活动。这是由于交际主体基于对本民族文化与异质文化的价值判断，会产生对文化差异性的认识和对本民族文化的认同。交际时交际主体会站在一定的立场上，或者说交际主体会无意识地进行文化比较，选择自己的文化立场。通过文化比较，交际主体会产生强烈的自我认同感，而恰恰是这种文化比较使文化身份认同问题得以凸显。因此，探索跨文化交际中的文化身份认同问题，对于提高跨文化交际的有效性具有十分重要的意义。

第七章　新时期依托互联网的英语教学方法研究

步入信息时代，互联网的迅猛发展改变人们的教育观念，改变教师的教学方式，教师借助计算机教学软件和互联网进行英语教学，使互联网成为一种新的英语学习模式。本章将针对新时期依托互联网的英语教学方法展开研究。

第一节　互联网环境下开展英语教学的意义

一、网络教学有利于激发英语学习兴趣

网络教学就是通过网络进行在线学习，即在教育领域建立互联网平台，学员通过上网登录到相应的网络进行一种全新的、自主的、交互的学习方式，享用教学网站提供的各学科、各门课程的教学资源，不受时空限制，教育者可将多媒体教学素材、网络教学课件、学习工具软件等融于教学课堂，打破传统教育教学信息局限，以形象直观的特点为学生创设各种情境，能极大限度地调动学生强烈的学习欲望，激发学习动机和兴趣。

二、网络教学给学生主动获取、展示信息提供舞台

传统的教学，学生独立学习和探索的机会少。而在网络教学中，特别适合学生进行“自主发现、自主探索”式的学习。一方面当你解题出现错误时，计算机立即给予帮助，引导学生思考，独立地发现和解决问题，直到解对为止；另一方面利用网络系统的功能，学生可随时举手向教师提问，而且教师也可以通过主机监控任何一位学生的学习进展情况，及时通过音频、视频信号的传送进行个别辅导、分组解答或转播讲解以及个别提问。这样就能使学生在教

学课堂上有机会主动参与学习，真正成为学习的主人，实现自我教育。

三、网络教学缩短认识事物过程，促进学生思维能力和非智力因素的开发

在传统教学中，学生认识事物的过程是由感知、理解教材巩固和运用知识几个环节组成的。而网络教学及现代教育技术进入课堂后，则把上述环节融为一体，以其形象直观、有声有色的特有优势，缩短了时空距离，把远方的东西呈现在学生眼前，把复杂的东西变得简单，把抽象的东西化为具体；让学生多种感官直接参与揭示事物的本质和内在联系，从而缩短了学生认识事物的过程，有利于学生思维能力的培养及情感、意志等非智力因素的开发，从而提高教学效果。

四、运用网络教学，减轻教师的劳动强度，节省时间，提高效率

传统的教学方法是一支粉笔、一本书、教师满堂灌，大量的时间花在教师的板书和语言讲述上，留给学生思考和讨论的时间很少，教师的工作量大，不利于学生独立思考和自主学习。运用网络教学以及多媒体课件，将各种需要展示的内容运用到教学过程中，一方面使学生易于接受，并参与教与学的互动过程，充分发挥其主体意识，培养自主学习的能力；另一方面，减少了教师板书、讲述的时间，减轻了教师的劳动强度，提高了课堂效率。

英语教学应该为学生提供良好的语言学习环境，充分利用网络教学及多媒体教学技术，改进传统的以教师讲授为主的“填鸭式”课堂教学模式。自主学习已成为当今教育界一个重要的研究主体，它充分体现了信息时代对中学生学习的要求。它不仅是一种有效的学习方式，也是一种学习能力。在这种学习理论指导下，充分利用以多媒体网络技术为支持的语言学习环境，已成为英语教学发展的必然趋势。学生自主学习能力的有效提高已经成为衡量英语教学和改革成功与否的重要标志。基于我国目前英语教学的实际情况，在相当长一段时间里，多种教学模式并存的现象仍然还会存在。但在英语教学过程中，教师应该注意调整各种教学模式，发挥网络教学优势，网络教学与英语传统教学的优势互补，帮助学生形成良好的自主学习习惯，树立正确的学习态度，提高学生的自主学习的能力，使他们真正地掌握英语这门语言，从而达到提高英语教学质量和教学效果的目的。

五、运用网络构建新型英语课堂教学模式

传统的英语课堂教学都是由一位教师面对几十个学生进行教学，而每个学生因座位、性格、学习能力等多种因素的影响，在英语课堂教学中受到的教育和获得的机会是不能等同的。网络环境下的英语课堂教学，通过人手一台多媒体电脑的优势弥补了教师在大班英语课堂教学中无法给予每个学生及时、细致的个别辅导的缺憾。在这一过程中学生可以根据自己的学习能力和预习情况自由点击生词，在多媒体电脑的帮助下进行学习。学习能力较强的学生可以少点击几次，少听读几次，减少基本语音与基础知识学习的时间；学习能力较弱的学生则可以通过反复点击反复听读，掌握基本语音与基础知识，而不必怕在众人面前说错。

在这一独特的英语课堂教学环境中，学生的学习变得更为自主化与个性化。同时教师的作用不再是传授知识与技能，而主要表现为引导学习者根据自己的实际情况确定合适的学习目标，帮助学习者寻找达到学习目标的最佳途径，鼓励学习者进行实践活动，帮助学习者分析、解决问题，实现助学辅导，构建自需自学的新型课堂教学模式，从而提高课堂教学的实效。

六、运用网络制造信息差促进交际

在网络环境下的英语课堂教学，通过网络传递和传播信息，由此形成生生之间，师生之间的信息差。由信息差激起学生运用英语交际的欲望，从而促动生生之间，师生之间的合作与交际。通过网络向学生传递四个家庭中各个成员的职业，然后引导学生根据自己的已知和未知的信息进行调查。在这一过程中，在信息差的促动下，每个学生都是调查者，也都是被调查者，在浓厚的交际氛围中，本课的单词与句型得到了充分运用，学生运用的英语进行交际的需求得到了最大限度地激发，他们的交际能力也在调查活动中得到了锻炼与提高。

七、运用网络拓展英语教学的时间与空间

英语作为一门英语，在我国课堂教学的时间与空间是非常有限的，然而在网络环境下的英语课堂教学的空间与时间却可以得到极大的扩充与延伸。

通过课后作业引导学生上学校的英语网站学习更多职业类单词，使学习的空间拓宽到了学生家中，学习的时间由课堂延伸到了课外。此外我们可以引导学生上“英语周报网”，通过在网站的阅读，游戏等活动中学习、运用英语，

从而延伸、拓宽英语教学的时间与空间，开阔学生的视野，把英语学习引入学生的生活。

网络环境下的英语课堂教学作为未来英语课堂教学的趋势其卓越的优势已越来越被人们所认识。

八、网络教学对英语教师的意义

英语学科与计算机信息技术学科应用的主要目的是：建立新的英语教育教学理念，使课程设置和教学内容具有时代性、基础性和选择性；建立灵活的教学目标体系，使之对不同阶段和不同地区的英语教学更具有指导意义；建立多元、开放的教学体系，以保障英语教学的高效率顺利实施。随着计算机科学与信息技术的发展，计算机多媒体与计算机网络在现代信息社会中扮演着越来越重要的角色。现代信息技术是决定课程发展的关键因素之一，计算机网络技术是信息技术的核心。以计算机网络为主的信息技术为教学改革提供了丰厚的教学资源，实现了信息技术与英语学科应用改革。培养新一代的创新型、综合型、实践型教师队伍。信息技术与英语学科的应用好处非常之多。

（一）对教师角色的影响

在网络探究教学模式中，强调以学生为中心，旨在培养学生自主探究学习的能力，认为课堂教学是教师知识外化的过程，是学生与教师相伴而进行的学习过程，通过教师的课堂教学行为，在教师知识计划过程中促进学生知识的生成。

与传统教学过程中教师的角色相比，网络探究教学中教师角色发生如下转变：

（1）教师由知识的传授者、灌输者转变为学生学习的指导者引导者、促进者；

（2）学生是活动的中心，教师与学生是导演与演员的关系；

（3）教师不再是教书匠；

（4）教师过去的理论区不再适应，教师通过不断学习和进修到知识海洋中获取新的知识“活水”，教师不是绝对权威，允许学生讨论争辩甚至是反驳；

（5）教师和学生之间的界限变得模糊，教师可以是学生，学生也可充当教师；

（6）教师的作用是为学生探究提供桥梁和阶梯，诱导学生、自主探究问题并获得知识；

(7) 教师是一位顾问，一位交换意见的参加者，一位帮助发现矛盾论点而不是拿出现成真理的人；

(8) 教师不是管制学生，而是与学生保持平等和谐关系的知心朋友。

教师上述角色的变化，反映了时代对教师的新要求。一个只会把教科书的内容搬到学生头脑中的教师显然已经落伍。以网络探究学习为开端，教师将从思想观念、知识结构、工作方式和行为方式等方面挑战自己、改变自己和完善自己。

(二) 对教师职责的影响

在网络探究教学中，教师的职责不再是单纯的“传道、授业解惑”，而是在传授知识的基础上培养学生自主学习、发现问题、提出问题和解决问题的能力，引导学生全面发展。具体体现在以下几个方面：

(1) 联系生活实际，激发学生的探究兴趣；

(2) 创造良好的氛围，让学生勇于探究；

(3) 开放探究时空，增加探究机会；

(4) 诱导自主探究，培养探究情感。

第二节　基于翻转课堂的英语教学新发展

一、翻转课堂教学的基本内容

翻转课堂的典型步骤分三个阶段：教师录制并上传授课视频，提出问题布置任务；学生观看视频，完成任务，总结疑难；师生在课堂上进行各种形式的互动和练习，解决疑难并内化所学知识。翻转课堂不仅是翻转了讲与练的环境，还改变了教师、学生在教学过程中扮演的角色。教师的作用从传授知识扩大到引导、协助和组织学习过程。学生在学习中有更多的自主性，可以在课前学习阶段按照自身需要更好地掌控节奏，课上有更多机会反馈疑难，跟教师和同学互动，在练习和运用中内化所学知识。

翻转课堂教学模式的出现是网络技术发展的必然。网络音像信息共享使得面对面一对多的单纯讲授不再是信息输入唯一的选择，甚至不是最佳选择。因为通过网络观看视频时学生除了可以自由选择学习的时间地点，还可以根据自身的情况暂停、回放，来调整信息导入的速度和节奏。课堂师生面对面的优势跟网络学习相比，反而在于它提供了互动的条件和环境，更有利于开展多种练习，帮助学生完成知识内化，巩固所学。

二、翻转课堂在英语教学中的适用性

翻转课堂如果能有效实施的确可以有助于解决学校英语教学实践中存在的一些问题。

（一）提高学生的学习自主能力

由于应试压力，相当多的学生在中小学阶段习惯于被动接受完成大量作业练习，没有时间和条件发展自主学习的意识和能力。翻转课堂要求学生自己把握节奏，主动思考总结疑难，课上主动沟通请教师解疑，积极参与课堂活动，练习使用所学知识。这些都会有助于提高他们的自主学习的意识和能力。

（二）促进学生的合作意识

独生子女为主的一代中国年轻人往往缺乏团队合作意识，翻转课堂上的小组练习和小组展示都可以锻炼学生这方面的能力。

（三）提供培养语用能力的机会

由于语言环境的限制，中国学生学习英语往往学习了许多词汇、语法却不能自如使用。翻转课堂提供了更多的机会让学生在实践中培养语用能力。

（四）活跃课堂气氛，加强学习积极性

相当一部分中国学生习惯于课上保持沉默，导致课堂气氛沉闷。翻转课堂改变了以教师为主体的教学模式，以学生为主体开展活动，让他们有更多机会主动参与课堂教学，展示自我。

三、基于翻转课堂的英语教学模式的应用

目前，翻转课堂教学模式得到越来越多学校的推行，包括中国在内的很多国家已经开始进行翻转课堂教学模式的实践行为。然而，由于翻转课堂还未形成系统全面的教学模式，很多地区的翻转课堂教学模式在施行方面只是提出了大致的操作策略，并且不同的学科在实践操作上也存在着很大区别。相关学者

经过研究后，提出了翻转课堂教学模式应用的基本流程。

（一）课前安排

课前安排方面，教师要为学生准备充分的学习资料，如英语参考书籍、电子教材、微视频教程、国内外相关英语专题的网址等。下面以微视频的设计为例进行说明。

微视频是目前翻转课堂常用的学习资源，它具有很强的针对性，是课前学习的核心内容。教师可以根据每堂课的课堂学习目标准备两三个微视频，一个微视频仅介绍一个知识点就足够了，如果内容太多则会影响学生的学习与理解。对于微视频的设计，教师需要注意以下方面。

1. 学生在课前学习过程中可以利用网络软件与其他同学展开积极的沟通与交流，排除自己学习过程中的疑问与难题，促进彼此学习成绩的共同提高。

2. 英语教学视频的互动性、视觉效果、时间长度等对学生的知识习得具有很大影响，教师在微视频中要合理设计学习内容与课前练习的数量、难度等，以帮助学生在已有知识的基础上向新知识过渡。

3. 在设计微视频时教师还需要顾及学生的适应性能力，学生在刚接触视频学习时往往很难集中注意力进行听讲，只是专注于笔记的写作。为了改善这种局面，教师可为学生提供视频的副本，解除学生的后顾之忧，引导学生关注当期视频中的学习内容。

4. 在制作微视频时，教师不仅要重视整体上的视觉效果，更要突出学习的主题、要点，根据知识结构来设计互动活动，为学生建构形式新颖、内容丰富的学习平台，令学生对微视频的学习产生极大的兴趣。

5. 微视频制作完成后，教师可以将视频上传到学校的网络上，方便学生随时下载学习。

6. 学生学完微视频中的内容后，要对自己的学习进行总结，将疑问反馈给小组长，然后由各组小组长汇总给教师。这种方式有利于学生的个性化学习，他们可以根据自己的情况选择学习资源与时间。

（二）课堂教学

翻转课堂教师模式的教学过程大致可分为五个步骤：合作探究、个性化指导、巩固练习、反馈评价和课程总结。下面进行详细介绍。

1. 合作探究

首先，教师将学生进行合理分组。合作探究学习本质上来看就是小组学习的一种有效形式，所以教师需要首先将学生进行分组。在合理探究学习的过程中，小组各成员之间的搭配与结构是至关重要的，这要求教师在合理分组时注意每位学生的知识基础、能力高低以及性格特点等，在此基础上才能实现合理分组。合理分组的目的在于均衡小组成员自身的各项特点，从而有利于他们开展良性的合作与竞争。

由于小组内各位成员自身的知识水平各不相同，教师在划分小组成员时应该按照“组间同质、组内异质”的原则展开，如此一来，学习成绩较好的学生就可以帮助和指导学习成绩较差的学生，他们在共同任务的要求下会通过相互合作来完成，这样还可以大大提升一些参与教学活动热情不高的学生的参与热情。在小组内部，各位成员都有自己的位置，在不同的任务阶段发挥不同的作用，从而顺利解决问题和完成教师安排的学习任务。每位成员在任务面前都不能偷懒，必须积极思考和参与，合理分工，明确自己的阶段任务。

其次，策划和提出学习过程中的问题。在开展合作探究的学习过程中，教师为学生安排的学习内容要具有可操作性，教师为学生安排的讨论问题同样也需要具有开放性。在课前，教师需要以学习的具体任务为前提，为小组内每位成员都安排相应的学习任务，同时为他们规定完成这次任务的时间。需要明确的一点是，教师的学习任务不可太笼统，这样小组各成员在完成任务时就有可能出现出力较多的成员以及完全不出力的成员，如此不仅没有实现学习任务的最终目的，而且也不利于小组成员合作精神的培养。在合作探究学习的过程中，教师作为引导者，应该为学生制订和安排具有一定难度系数的任务，这样可以最大限度地调动他们学习的兴趣与积极性。教师还可以为不同的小组布置不同的任务，促进各小组之间相互学习、共同提高。

最后，学习任务的合作应用与过程控制。在小组各成员开展合作探究学习时，教师无须在一开始就让他们共同完成任务。事实上，在任务刚开始时，教师应该让小组各成员根据任务的要求开展讨论与研究，让他们进行独立思考，这有助于他们形成深刻、独创的思维能力，之后小组各成员之间开始就自己思考的结果展开交流，在讨论中发表自己的观点，最终所有的观点与看法经过汇总后达成一个每位成员都满意的结果。小组中还可通过民主的方式选举一个发言人，然后将小组讨论的最终结果反馈给教师。

2. 个性化指导

所谓个性化指导，是指教师为小组成员解答问题。在小组成员合作探究学习的过程中难免会遇到各种各样的问题，教师可以针对小组所遇到的这些问题展开具体化、个性化指导，帮助他们排除学习进程中的障碍。当然，如果各小组遇到的一些问题具有普遍性，那么教师则可以集中予以回答。

3. 巩固练习

简单来说，巩固性练习就是在教师为学生进行个性化指导之后，各小组成员对学习任务的结果进行总结和归纳，然后通过一定的练习来加深印象，对学习进程中的重点、难点及时进行巩固。在这一阶段，教师可适度安排小组之间开展知识方面的交流，从而有助于他们将学习成果以及经验进行共享。

4. 反馈评价

对小组合作探究学习后的结果进行评价，教师不仅要评价学生的学习过程以及结果，还要对小组之间以及小组内部各成员的表现进行评价。在评价过程中，教师要重视小组任务的整体完成情况，不能仅仅关注某一些成绩较好学生的表现。另外，教师还需要重视小组中每位成员参与任务完成过程的积极性、主动性，对一些具有独创思维的成员给予合理、恰当的评价，如此不仅可以让小组其他成员向表现优异的成员学习，而且可以激发组内成员相互学习、共同进步的热情。此外，为小组成员树立榜样还可以减少少数学生所具有的依赖性，有利于合作探究学习的顺利完成。

5. 课程总结

在这一阶段，教师安排各个小组之间展开交流，彼此沟通学习进程中的信息，同时对这些小组成员的具体表现给予合理评价。这一阶段教师需要注意的方面是，尽量给予学生积极向上的评价和鼓励，不要打击、批评他们，从而确保每个小组都能圆满完成学习任务。

综上所述，英语翻转课堂教学模式不仅要强化课前预习的效果，更要注重课堂学习的效率。对英语翻转课堂教学模式而言，技术工具、信息资源是学生展开学习的基础所在。当前信息技术环境下，各种教学资源、软件等已经十分普及，教师需要广泛收集这些学习资源。对于教师而言，其重要任务是通过课堂活动设计来完成学生知识的内化，这同样也是翻转课堂教学模式的目的所在。对此，教师在设计课堂任务时应充分利用情景、写作、会话等要素，引导学生体验知识，实现知识的内化。另外，教师还需要引导学生利用网络大环境展开主动、自主的学习、社交以及对未来职业的规划。翻转课堂能否真正实现学生的个性化学习，在很大程度上受制于教师能否引导学生合理制订学习计划、使用学习工具。

四、英语翻转课堂教学构建的措施

（一）要正确认知翻转课堂教学思想，树立“翻转”意识

翻转课堂是一种新的教学思想，要想构建完善健全的翻转教学意识，就必

须正确看待翻转课堂，注重对其教学模式的研究和探索。在提出翻转教学思想的同时，要充分发挥教师的引导优势，帮助学生用正确的态度和方法去学习。在上课之前教师可以找一些与课本内容相关的小视频、资料等，但应注意的是资料要有主次性，既要彰显出内容的重点所在，还要保证资料具有一定的趣味性，内容丰富，以调动学生的学习兴趣。翻转课堂的构建需要以一套比较健全完善的思想为基础，它不仅是教学的一种方式，还是学生学习的一种理念和过程。所以要求教师要多与学生进行沟通和交流，相互间认真探讨、了解，为健全和完善更具实用性的翻转课堂提出自己的想法和意见，从而为翻转课堂的构建奠定基础，进而使英语教学效率得到提升，增强学生的自主学习能力。

（二）建立健全完善的考核体制

在构建翻转课堂教学模式的过程中，其考核依据不是利用学生的分数来作为主体的，而是要涵盖多个方面，如学生的实践能力、英语口语、交际水平、身心素质及学习成绩等。因此，需要学校放弃以往的旧思想，在考核方面建立健全具有新时代思想的考核体制，制定完整系统的学习计划。在翻转课堂中最主要的就是要突显学生的自主学习能力和独立思考能力，培养他们的独立意识。可以将课堂上所需要讲述的知识布置在课前，让学生先自行进行阅读和学习，在课堂上要让教学形式活跃化和多样化，以沟通为主。可以通过设计高质量的教学活动或开展一些实践活动等让学生来增强自身的实践能力和交际水平。因此，为适应翻转课堂的教学方式也需将教学的评价和考核机制重新建立，要与教学充分结合，在教学中不断更新和完善，从而建立起一套既与时代教学相适应，又符合翻转教学模式的考核体系，进而推动英语教学的发展。

（三）网络信息技术的运用

相对于传统的教学方式来说，翻转课堂教学更加注重新技术的应用。以教学为主体和基础，适当地引用新型的科学技术和设备，从而来确保翻转课堂教学的建立。改革开放以来，我国的经济和科技发生了翻天覆地的变化，特别是互联网的使用，给人们的生产生活带来了太多的便利，在教育中也是如此，网络信息技术被广泛地应用在教学当中就是一个非常明显的例子。所以，我们就要充分利用网络时代的特点，抓住互联网的使用性能，不论是课前的准备，还是教学活动的开展以及学生课后的复习，都要将互联网信息技术应用到其中，通过网络信息技术，我们可以轻松、快捷地找到我们所需要的知识和内容。

翻转课堂是一种新型的教学模式，其主要优势在于可以将传统教学中教师与学生的地位进行互换，把学生作为教学的主体，而教师只是作为一个帮助和引领的人，它提倡全新的教学理念，注重培养学生的自主学习意识。目前已经有一部分地区开展了翻转课堂教学，同时取得了不错的效果，不过因为这是一种全新的教学模式，所以还没有进行大规模的推广。翻转课堂教学能够满足教改的要求，推进改革的进程，必将成为我国教育教学开展的一种趋势。相对于传统教学来说，翻转教学更加具有优势，它更注重教学开展的过程而不是结果，它能够提高教师与学生之间沟通的效率，将活动与学习相结合，以提高学生学习兴趣和效率为目的，带动教学质量的提升和教育事业的稳定发展。

第三节　基于微课的英语教学新发展

一、微课概述

（一）微课出现的背景

1.“微”时代对教育的挑战

在生活节奏越来越快的当今社会，更多简单、便捷、有趣、高效的生活方式和学习方式走进了人们的生活，比如微博、微信、微电影、微小说、微讲堂等，这些都宣告着人类已经步入了“微”时代。网络通信技术的迅速发展也使得“微”潮流日新月异，进入了人们生活的方方面面。当今社会的信息传播速度快，内容冲击力与震撼力大，百余字就可以进行传播交流信息乃至情感沟通。对于信息接收者而言，消化信息的时间有限，信息内容与数量却异常丰富，这就要求信息的发送者提供的内容要具有高黏度、高冲击力以及对受众的高吸引力。

在教学过程中，教师的工作是十分繁重的，很难面面俱到地关注到每一位学生的具体学习情况来帮助他们查漏补缺、补习功课，这也成了教师教学过程中的一个难题。在常规的教学进程中，教师只能保证大部分的学生跟上学习进度，但是不能因为个别学生影响了整体的教学进度。但是微课的出现很好地改善了这个问题。微课可以代替教师对学生进行个性化的学习或者多次重复性复习。这不仅可以节省教师的时间和精力，还能让学生的学习更加高效与个性化。

微博自 2009 年开始运营，便以其互动性和参与性强、目的明确、信息传播速度快等特点，迅速在我国流行起来，拉开了“微”时代的序幕，微课便跟随着潮流应运而生。

2.“微学习”的迅速发展

微学习是今后学生学习不可缺少的一种学习模式，由“微”与“学习”两部分构成。“微”即微小、碎片化，它符合学生的习惯，一次只学一点，学太多会疲倦。微学习要有效发展，必须依托微课这一载体。微课是运用建构主义方法，以在线移动学习为目的来开展实际教学的。时代呼唤微学习片段化、专题化的微课给学生提供了更好的学习机会，有效促进了学生的微学习。

微学习的发展，对传统的课程形式提出了挑战，要求课程形式多样化，具备灵活性，可以满足学习者随时随地的学习需求，或者说，学习者可以在地铁上、在公交车上、在咖啡厅，在工作的间隙进行学习，这种需求让研究者自然地关注到了微课。

所以，微学习的学习内容是零散的、片段性的，学习内容是一个个独立的知识点与技能点；学习的媒介是多样的；学习过程是个性化的。

（二）微课的教学特点

1. 教学时间较短

教学视频是微课的核心组成内容。根据学生的认知特点和学习规律，“微课程”的长度一般为 5 至 10 分钟，最长不应超过 15 分钟。因此，与传统的 40 或 45 分钟的课堂教学相比，“微课”可以称为“课堂片段”或“微课范例”。

2. 教学内容较少

与传统课堂相比，“微课”的知识点比较集中，主题突出，更适合教师的需要。“微课”主要是为了在课堂教学中突出某些学科知识点的教学（如重点、难点、疑问、试题内容），或反映课堂教学活动中一定的教学环节和教学主题。与传统班级要完成的复杂、众多的教学内容相比，“微课”的内容更流线型，所以也可以称为“微课堂”。

3. 资源容量较少

就大小而言，“微课”视频和支持资源的总容量一般约为数十兆字节。视频格式必须是支持在线播放的流媒体格式。教师和学生可以流畅地观察在线课堂实例，查看教学计划、课件等辅助资源，也可以灵活、方便地保存到终端设备（如笔记本电脑、手机、ipad 等）实现移动学习、泛学习，非常适合教师的观察、课堂评价、反思和研究。

4. 资源构成“情景化”，资源使用方便

“微课”的教学内容一般要求主题突出，方向明确，相对完整。它以教学视频剪辑为主线，“集成”教学设计（包括教学计划或学习计划）、多媒体教材和课堂教学用课件、教师课后教学反思、学生反馈、学科专家的文字评论。它构成了一个主题明确、类型多样、结构紧凑的“主题单元资源包”，创造了真正的“微观教学资源环境”。这使得“微课”资源具有视频教学案例的特点。师生在这种真实、具体、典型的教学情境下，可以轻松实现“隐性知识”等高层次思维能力的学习，并实现教学理念、技能、风格模仿、迁移和升级，从而迅速提高教师的课堂教学水平，促进教师的专业成长，提高学生的学术水平。就学校教育而言，微型课程不仅成为教师和学生的重要教育资源，也是学校教育和教学模式改革的基础。

5. 主题突出、内容具体

一个微课就一个主题，或者说一个微课一个事；研究的问题源于教育教学具体实践中的具体问题，或是生活思考，或是教学反思，或是难点突破，或是重点强调，或是学习策略、教学方法、教育教学观点等具体的、真实的、自己或与同伴可以解决的问题。

6. 草根研究、趣味创作

正因为课程内容的微小，所以人人都可以成为课程的研发者；正因为课程的使用对象是教师和学生，课程研发的目的是将教学内容、教学目标、教学手段紧密地联系起来，是为了教学，而不是去验证理论、推演理论，所以决定了研发内容一定是教师自己熟悉的、感兴趣的、有能力解决的问题。

7. 成果简化、多样传播

因为内容具体、主题突出，所以研究内容容易表达、研究成果容易转化；因为课程容量微小、用时简短，所以传播形式多样。

8. 反馈及时、针对性强

由于在较短的时间内集中开展“无生上课”活动，参加者能及时听到他人对自己教学行为的评价，获得反馈信息。较之常态的听课、评课活动，“现炒现卖”，具有即时性。由于是课前的组内“预演”，人人参与，互相学习互相帮助，共同提高，在一定程度上减轻了教师的心理压力，不会担心教学的“失败”，不会顾虑评价“得罪人”，较之常态的评课更加客观。

二、微课的创作流程

（一）组织团队

微课开发对绝大多数教师来说是一个新的课题。过去的视频是由专业摄像人员摄制的，现在的微课连传统电教工作人员也感到陌生。因此，组织团队、集聚智慧、协作商讨是一个扬长避短、协同创新的好办法。

此外，正因为微课开发是一个新课题，一线教师刚开始实践的时候需要学习与探索在开发过程中会投入大量的精力和时间，全部微课都由自己开发制作必然会碰到很多困难。这时，有一个学科团队协作商讨、分工开发，就能起到分解工作量、分享开发成果之效。这是一个快速积累微课资源的好办法。

（二）任务分析

微课程教学法视域下的微课，是教师录制的微型教学视频形式的帮助学生完成自主学习任务单给出的任务的配套学习资源。微课进入教学，开始了从过去提供资源给教师上课使用，到今天教师需要给学生什么样的资源就开发什么样的资源的历史性进程。

微课的创作流程必须与它的使命保持一致，才有可能成为有效的自主学习支架，帮助学生完成学习任务。因此，创作微课首先要进行任务分析。

（三）录制微课

这个步骤是整个微课开发流程的中间环节，前期的准备与接下来的修改、上线，都与此相关。

（四）检查质量

微课录制完成之后的质量检查对于微课程教学法具有重要意义。

对初次录制成功的微课进行质量检查，有利于及时发现存在的问题，可以修改后重新录制，保证学生看到的教学视频是教师本人讲课的最高水平。在检查微课质量的过程中教师会发现自己以往在教学中很难发现的问题并予以纠正。

对于微课讲课中出现的失误，有经验的教师会想办法再绕回到正题上来。但是微课程教学法不赞成在微课录制中这样做。原因在于，当教师在课堂上发现问题后想办法绕回来的时候，高水平的学生会发现教师的失误并观察教师回到正题的全过程；认识水平较高的学生会跟着教师的思路回到正确的认识上来；但是那些认识水平不高的学生被教师这么一绕，增加了其思维困难，往往错着出去以后就绕不回来了，而教师往往会对他们不满，没能意识到问题的出现是由自己的失误造成的。这对学生来说是很不公平的，对于提高教学质量也是非常不利的。

因此，微课程教学法认为，录课中如发现失误（包括讲错、口头禅过多、时间超过2秒钟的停顿、画面出现干扰可视化学习的因素等)，教师应当立即停止录制，待完成重讲的准备之后，再重新录制。即使需要耗费时间，也是值得的。因为一遍又一遍地重讲。使教师10分钟不到的讲课超出其以往的最好水平。这种情况叫作“微课最优化属性”。

此外，解决问题之后的微课，往往在时长上缩短了。研究表明，大多数微课在8分钟之内就足以囊括单位课时的教学内容。因为时长在视觉驻留规律允许的范围内，所以不会干扰学生的学习质量。

学生因为微课最优化和短小精悍属性受益。不原谅失误对于学生发展和教师发展的作用都是不言而喻的。它有效地支持了单位课时的教学活动。

(五) 修改与上传

微课质量检查之后，如不需要修改，可以直接与任务单一起打包上传至教育云服务平台。如需修改，则启动修改，等完毕后继续检查，待检查合格，可以与任务单一起打包上传至相关教育云服务平台。

至此，一个微课的创作流程结束。

三、微课在英语教学中的应用

(一) 丰富课堂教学的表现形式

微课是以视频为主的载体，短小精悍，在英语教学中可以将其穿插于课堂导入、重点讲解、难点教学、课后拓展等教学环节之中。微课能够让枯燥乏味的英语课程变得生动形象，更好地吸引学生的注意力。

在英语教学中，教师可以根据学生的实际情况，制作一些相应的微课视频，供学生在课余时间观看，帮助其巩固所学知识。微课教学是导入新知识的有效手段之一，教师依据新课主题设计新颖的问题，制作精美的视频作为导入材料，能够较快地引起学生的兴趣。教师将课堂上的重、难点内容用微课进行点对点的深入讲解，利用其简单、专一、灵活的特点丰富课堂教学的表现形式，从而吸引学生注意力，提高教学效果。需要注意的是，在这种模式中，教师必须做好微课与传统教学的融合、衔接，微课作为一种创新的教学模式，从选题制作到引入课堂，必须突出学生的主体性；微课作为教学的一个重要环节，相关的思考、讨论等配套活动必须及时跟上，否则，就无法发挥微课的优势，难以达到预期效果。教师把重难点制作成微课，结合图式、列表等方式对重难点知识进行讲解，能让学生更直观地理解知识，实现知识的贯彻渗透。英语学习需要一定的语境，单靠课堂讲授的知识点是远远不够的，所以教师可以延伸教学内容，同时拓宽学生的知识面，完善学生的知识体系。

（二）提升学生自主学习能力

与传统课堂相比较，微课时间短，一个视频讲一个问题，有较强的针对性，只要输入关键词，查找起来也比较方便；视频的长度控制在 10 分钟以内，符合学生身心发展特征；通过网络发布的视频，具有暂停、回放等多种功能，能让不同程度的学生根据自己的基础和接受程度控制视频的速度，有利于自主学习；教师把自己制作的微课内容共享至网络，学生可以随时随地点播观看，方便灵活，拓宽了学生自主学习的途径，增强了学习的积极性，为学生自主学习提供了便捷的资源和良好的平台。教师可以通过布置微课自学任务，让学生进行英语课程内容的自主学习，并在课上进行检验、归纳与总结。因此，微课在促进学生学习方式上有着非常积极的作用，是学生自主个性化学习的一种非常有效的形式。微课具有移动化、碎片化的特点，课后，学生可以根据自身需要，不受时间地点限制地选择感兴趣或是掌握不扎实的知识点进行自主学习，不仅能够拓宽课外学习范围，还能使学生的学习更加灵活。但是，这个模式对教师的要求远远高于在课堂上的应用，因为此时的学习内容不受课堂限制，更为开放，要求教师既要熟练掌握多媒体网络操作和视频剪辑制作等技巧，又要能够从网络繁杂的信息资源中过滤出真正利于提高学生英语水平的内容。其在技术、时间上的要求比较苛刻，教师的压力也相应增大。

（三）提升教师专业素质

微课程是一个经过精心制作、反复推敲、修改完善的过程，适合作为阶段成果的分享，能用最短的时间，非常有说服力地展示研究的浓缩过程。在此过程中，英语教师要不断学习新的知识，仔细推敲自己的教学内容，这样才能更好地胜任教学工作。第一，微课可以有效促进教师专业技能的发展。教师通过小问题、小课题、小策略反思自己的教育教学，不断更新观念、改进教学行为，最终促进自己的专业化成长。第二，微课可以加强教师使用信息技术的能力，加大教师在信息设备方面的适应，熟练地应用各种信息技术为教学服务，提高利用信息技术进行教学的能力，培养教师具有新媒体时代化的教育技术方法与思想。教师可以把发现问题、分析问题、解决问题的过程制成微课，这本身就是一个教学反思的过程，能有效提升教师的教学能力。微课这种新兴的课程资源，可以通过互联网实现全国乃至全球的资源共享，教师间可以互相观看微课，交流教学经验，学习他人有效的教学设计和教学方法。教师要善于利用这一教学方法，逐渐完善微课的功能，让微课更好地服务英语教学，成为教师在课堂教学外重要的辅助手段。为了能够推动英语教学质量提升和教师教学能力的发展，促进新媒体时代信息技术与专业英语教学的深度融合，教师若把微课运用于英语的教学中，充分发挥其优势，必将能够提升高校英语教学质量，使学生感受到学习英语的乐趣，进而培养出有良好专业英语应用能力、适应社会需求的高素质、应用型和技能型人才。

微课作为一种新兴的教学方式和手段，因其“短、小、精、趣”迎合了时代需求和大众心理，也越来越多地被应用于教学中。微课符合时代的要求，它能在较短的时间内对某一个知识点进行充分的、有趣的讲解，符合当今紧张的学习生活节奏，不仅对学生的学习和教师的教学提供了更多的方法，还解决了传统教学中比较容易出现的问题。微课是符合时代要求的积极探索，希望借此推动教师教育方式方法的变革，解决建议需求多样性、资源便捷性等问题，促进教育与现代信息技术的深度融合。因此，将微课应用于英语教学中既是时代发展的需要，又是教学改革的必然，希望借助信息技术的发展能更好地促进课程与技术的整合，促进我国英语的教学朝着个性化和自主学习发展。

第四节　基于慕课的英语教学新发展

一、慕课英语教学的地位和作用

（一）慕课英语教学的地位

慕课教学方式发展迅速，存在以下三个优势：一是突破时间、地理位置的约束；二是为学习者的个性化学习提供良好的学习环境；三是增强学生的终身学习技巧，改善个人学习习惯和对知识的吸收过程。尽管如此，其仍存在一定的不足：一是学生的诚信问题。因为是非面对面的学习、交流和考试，故无法保证教学的质量和学习的真实性。二是学生的素质培养、能力培养被淡化。三是课件制作成本较高，不利于及时修订和更新课程，由此会出现知识陈旧、资源浪费的现象。上述问题在一定时期内尚不能从根本上得到改变，慕课英语教学也就不能取代传统的英语教学的主导地位。因此，慕课英语教学目前只能是处于从属的辅助地位。

（二）慕课英语教学的作用

慕课教学更加符合人的注意力规律，轻松而愉快的进阶式学习可以使学生自己掌握学习进度，及时检测，及时诊断，这种环节设计能够激发学习者的兴趣，挖掘其潜力而且能够较为有效地避免现行“填鸭式”授课模式。具体地讲，一是，慕课在英语教学中的应用为学习者提供了新的学习方式，拓宽了学习渠道。二是为学习者带来了时间、空间的便利条件。三是为学习者提供了自主掌握学习内容、进度等方面的灵活性。四是建立了学习者与教育者之间的互动机制平台，提升了学习者的学习兴趣，进而起到了巩固传统英语教学成果的作用。

二、慕课对英语教学改革的冲击与挑战

（一）慕课改变了英语课堂教学模式

首先，慕课改变了英语课堂教学模式，使之从传统的面对面的授课模式转到高科技网络开放型授课。信息化大数据背景下，新型智能板的诞生引起了慕课课程的全球化，慕课成为英语教学改革中新生的交互远程学习方式，创新和翻转了英语教学课堂。其次，网络英语电子教科书的全球化占领和丰富了英语课堂材料，使学生能接触到更多地道的英语信息和知识。再次，慕课课程改变了考试的形式，使之从纸质考试转化为电脑屏幕考试，且附加各种考核过程及面对面讨论，从而拓宽了测试评价模式。最后，慕课课程采用各种非同一般的教育游戏，这是传统英语教学课堂不可比拟的创新与改革。

（二）慕课改变了英语教师的角色

慕课改变了英语教师的角色，使之从课堂教师型角色转变为教练型角色。随着慕课规模的进一步扩大，英语教师的教育理念与教学方法亦发生了巨大改变。自英语慕课课程开设以来，尽管英语教师是课程的主讲者，但还与其他的技术员、视觉设计专家等建设者合作，不是唯一的课程主宰者。因此，英语教师需要重新定位，认识到慕课技术已使专一的课堂知识讲解转变为知识与思想的升华。

（三）慕课转变了学生作为英语课堂的中心角色

慕课转变了学生作为英语课堂的中心角色，要求学生自主学习，从学习型

走向研究型，成为网络数字化时代的新型学习者。英语慕课课程方便、灵活，配有一套较完整的模拟教学模式，有课堂互动、反馈、答疑、交流学习经验的论坛等。因此，学生可以在网上搜寻众多的英语慕课课程，从中挑选最有益于自己的课程来听，从而改变自己的英语学习方法，实现知识的完全掌握和理解。

总之，慕课的变革将影响英语教育的生态系统。那么，如何利用现有的慕课课程，如何应对慕课对我国英语教学所带来的巨大变化，如何制作富有中国特色的英语专业的慕课，如何面对新形势下的英语教育，是慕课对英语教学提出的挑战与思考。

三、慕课英语教学的问题及对策

（一）要着手研究解决学分或证书的认证问题

目前，慕课的英语教育学分或证书尚未得到社会的普遍承认，影响了部分学习者参与的积极性，阻碍了慕课的进一步发展。对此，要加以认真探讨、研究直至解决。慕课机构可通过与高校或社会化专业机构合作，来解决学分或证书的认证问题。

（二）要应对解决学习完成率问题

学习者在学习过程中经常会出现中途退出的情况，这是制约慕课发展的又一问题。慕课机构要适当把紧入口关，对注册者增加一些必要的条件要求。

（三）要解决好网络和电脑软件和硬件问题

慕课的教学通过互联网和多媒体方式实施，所以对于网络和电脑软件和硬件都要有一定要求。一部分学习者由于受经济条件、地域条件、技术条件等限制，还不能完全满足上述需求，制约了慕课教育发展进程。

（四）要解决好慕课教学管理问题

接受慕课教学的学习者的接受教育程度的能力不尽相同，他们来自各地，人数规模较大，且呈逐年增长的趋势。这些都将给慕课教学管理工作带来巨大挑战。应该怎样管理和评价慕课教师的工作，也是学校需要认真对待的问题。所以慕课机构要有针对性地制定解决问题的办法，如针对学习者接受教育程度和能力不同的情况，可以在课程设计和划分学习层次上采取可行的有针对性的措施和办法来加以调整。对学习者人数迅速增长的问题，要做好发展趋势预制，加大网络和电脑软硬件的“扩客”投入和技术投入以及管理者的必要投入；同时对慕课教师的工作加强管理、引导和做好评价，建立起慕课教育工作的激励机制，将有助于慕课教育工作的健康稳步发展。

四、慕课英语教学发展的前景分析

（一）确立英语教学改革的目标

在充分掌握我国英语教育的基本状况以及我国慕课英语教学迅速增长趋势的基础上由国家教育层面牵头、协调各方面力量，制定现行的慕课英语教学改革的一系列具有一定前瞻性的指导意见和政策，统一规划适应我国教育基本情况的慕课发展路径。当然，还需要在教学实践中不断探索、总结、修正和完善，最终达到培养出我国发展需要的英语人才的目标。

（二）促进慕课与传统英语教学的协同发展

传统英语教学依然有着慕课教学不具备的优势及作用，如慕课教学存在学习者没有学习动力、学习效果缺乏权威检验（不能获得证书、学分等）、缺乏监督和经常错过作业期限等问题。这些有待于在今后慕课英语教学的实践中加以克服和解决。在现阶段，要明确慕课辅助传统教学的地位和责任，协同配合传统教学办好具有慕课英语教学特色的教学模式。为了更好地起到协同配合作用，要发展好以下几方面的慕课英语教学的效应：一是补充效应。慕课为学习者带来有助于提高学习成绩的教学形式，拓宽了教学领域和方式，丰富了学生可选择的课程资源，使学习者能够学习到更多知名大学的优秀课程。二是合作共赢、资源共享效应。慕课要整合优秀教育资源，加强分工与合作，充分发挥各方面优势来进行授课，使越来越多的学习者享受到丰富教育资源的效应。三是教学模式转变效应。慕课教学形式的出现，推进了教学模式的创新与探索，使学生有了新的学习空间形式，可以重新分配课堂授课时间。教师利用慕课，一方面加强了与学生之间的沟通，另一方面可以帮助学生之间的协作，进而提高教学质量。

（三）加大慕课教学的宣传

当今，慕课学习者来自世界各地，人数众多，影响巨大。慕课增加了英语教育接受者的容量，让更多的人有机会接受英语教育，意义非凡。慕课教学与传统教学相比，有其特有的优势，为培养高素质的英语人才，发挥了积极的作用。尽管如此，参加慕课的学习者占比并不多。因此，慕课教育形式的发展仍有很大空间。慕课教育机构要加大宣传，增强力度，用慕课教学在英语教学工作中所取得的成效加以引导，让更多的学习者认识到慕课教学所适应的广阔范围以及慕课英语教学的优势，从而产生导向作用，让更多的学习者加入慕课英语教育学习之中。

（四）加大对慕课教学的支持力度

随着我国综合国力的提高，我国对英语人才的需求迅速增加，尤其是高素质英语人才。为此，要从国家发展战略出发，对于培养各类人才，特别是英语应用型的高素质人才，给予高度重视，并给予教育领域政策、资金等支持，还要给英语教育机构相应的支持。

1. 在政策资金方面给予支持

近年来慕课在教育领域掀起了一场“数字海啸”。慕课教育会超出现有教育范畴，会成为国家文化和软实力输出的重要载体。因此，国家要给予高度重视，认真研究并在政策引导和资金方面给予大力支持，应慕课英语教学发展所需，在慕课发展数量、特色上统筹布局，提升慕课英语教学质量，培养出更多更好的英语应用型高素质人才。

2. 协调各方面给予支持

慕课教学是以信息网络为平台的。为了更加健康稳健地发展慕课英语教学，国家要协调信息网络运营等机构部门并给予大力支持。比如，在宽带、网速、扩容、资费方面给予优惠扶持，在网络技术新成果上优先提供支持，为慕课英语教学不断进步创造条件，打下基础。

第八章　新时期基于移动学习平台的英语教学方法研究

随着各种移动智能设备在教学中的应用，移动学习逐渐在学生群体中普及开来，发展成一种新型的学习模式。新时期的英语教学也要充分发挥移动学习的优势，结合自身学科特点，实现教学的现代化，切实提高教学效果。

第一节　移动学习的概念、特征及理论基础

一、移动学习的概念

不同专家对移动学习的内涵及外延的认知有一定的差异，但大致可以归结为以下三种说法。

第一种说法主要界定移动学习和远程教育的关系以及其历史使命。移动学习是在远程教育和数字化学习的基础上发展起来的一种学习方式，是对数字化学习（e-Learning）的扩展。持这种观点的学者认为移动学习是有效利用移动手持计算技术设备进行的数字化学习。

第二种说法是从移动学习的实现方式出发，认为移动学习是学习技术的延伸。相较于第一种说法，这种说法更加强调学习者使用电子移动设备、移动通信网络或无线网络进行学习。其技术基础是移动计算技术和互联网技术，或称为移动互联网技术，实现载体是小型化的手持移动计算设备。这些设备具有三大特性：一是可携带，即设备形状小、质量轻，便于随身携带；二是无线连接，即设备不需要连线即可联网；三是移动性，指使用者在移动中也可以很好地使用。

第三种说法既强调移动学习是一种数字化学习方式，又注重移动设备对数字化学习的改良，把眼光更加放在教学法层面。移动学习通过手持移动计算设备能够有效地呈现学习资源，改变学习活动的方式。在移动学习中，学习不再固定在一个地点，也可以基于特定的环境触发，甚至在非预设场景中实现，扩展了原有教与学的范围。

二、移动学习的特征

（1）移动学习是随时随地发生的，不受时间、空间的各种限制，这是移动学习最重要的外在特征，即学习不再受传统固定教学场所和有线网络接入的限制。

（2）移动学习是无线的，用于移动学习的设备应具有双向的无线传输能力，既可以是无线局域网，也可以是无线通信网络。

（3）移动学习关注移动设备和移动服务两个方面。

（4）移动学习的内容一般呈碎片化状态，需要学习者对其重新整合和内化。

（5）移动学习自主性强，学习者应具备较好的自我指导和自我管理能力。

（6）移动学习的组织形式是多种多样的，可以是自主学习，也可以是既定步调的学习等，还可以是多人协作学习。

（7）移动学习可以具有情境相关性，不同学习者根据其所处的环境不同，学习形式和学习效果都可能有所不同。

（8）受益于移动设备的强大功能，移动学习具有丰富的交互形式。

除了以上各种特征，移动学习还具有移动设备的易获得性、便携性、个性化、非正式、跨设备的适应性、学习形式的隐蔽、直觉性、学习过程或者学习效果持久性等多重局部特征。

三、移动学习的理论基础

（一）非正式学习理论

非正式学习是一种隐含式学习，相对于正式学习而言，主要指在工作、生活、社交等非正式学习时间和地点所接受到新知识的一种学习方式。日常生活中，人们接收的知识80%来源于非正式学习，与生活实践密切相关，并易于应用到实际生活中。非正式学习强调学习的泛在性，非正式学习发生在生活的不同场景中，而非单一的校园环境。正式学习的学习内容一般属于结构性知识，而非正式学习的学习内容则属于非结构性知识。基于正式学习的性质以及发生的场合等，正式学习内容多由专人精心编排而成，具有结构性、条理性。非正式学习则不受时间、地点的限制，学习内容多由生活中所得。移动学习强调借助移动设备进行随时随地学习，与非正式学习的泛在性相同，两者最大差别在于移动学习需借助移动设备才可实现学习，而非正式学习则不需借助移动设备。因此，移动学习的产生为非正式学习提供了新的学习方式，非正式学习理论也为基于微信、QQ 等平台的移动学习提供了理论支撑。

（二）联通主义学习理论

联通主义认为学习不是个人活动，而是连接节点和信息源的过程。联通主义学习理论也被称为“数字时代的理论”，是一种在新的时代背景下所产生的学习理论。联通主义学习理论强调学习不再是个人的内化，学习（动态知识）可存在于个人之外——通过网络技术建立数据库。在互联网中，知识被分化为不同的节点，每个学习者都可以在互联网中获得和分享不同的节点知识。每个节点之间相互连接，形成巨大的节点知识网络。学习者在知识不断的连接中，强化原有的知识，由原本的单一信息源形成了巨大的信息网络，形成自我知识库。与建构主义的个人知识内化相比，联通主义更强调利用新的学习工具（互联网）获得迅速改变吸收知识的能力。信息爆炸时代，学习目的不在于知识本身的掌握，而在于学习能力的提升。联通主义强调数字化学习的重要性，学习者需要增强知识的管理和吸收能力，掌握数字化时代下所需要的学习方法，增强自我学习能力。基于微信、QQ 等平台的移动学习是在移动终端设备和通信技术的支持下实现的，而移动学习所要达到的目标正是实现个体对不同节点知识的结构化关联，形成自己的知识网络。

（三）情境认知学习理论

20 世纪 90 年代以来，情境认知学习理论成为学习本质研究的重要取向。情境认知理论将学生的学习看作基于情境所获得知识的意义建构过程。学生所获得的知识不是单一独立的内容，而是与具体情境实践相关联，且在实践中不断变化发展。情境认知学习理论重视学习环境对学习者的影响，学习知识的最好方法则是身临其境地感受知识，形成自我对知识意义的构建。因此，在教学中教师应提供真实的情境与活动，使学生自我感知知识，探讨知识背后的意义。对于自然学科知识，情境认知学习理论强调学生走进自然发现学习，而社会科学知识，情境认知学习理论则鼓励学生通过访谈、观察获取知识。首先，情境认知理论强调学习的情境性、互动性以及参与性正与移动学习的特点相符，符合移动学习的本质，为移动学习提供了理论指导。其次，移动学习通过各种移动技术将知识呈现方式多样化，能够最大限度地呈现直观形象的知识，帮助学生形成知识意义的建构。同时，移动学习中教学环境不必拘泥于传统课堂教室，教师可在真实情境下通过移动技术设备实现远程指导教学，实现教学情境最大化。因此，移动学习也为情境认知理论学习发展提供了技术支持。

（四）分布式认知学习理论

分布式认知学习理论认为，知识存在于不同的场所，认知分布于人脑以及外部环境中，特别是在社会和文化的结构、时间中，并强调学习资源的“去中心化”，而学习活动更多是通过个体间的相互作用，以及他们与所有人工制品之间的互动进行的。因此，该理论特别强调交互在学习活动中的重要性。而移动学习能够强化人际交互，推动人与人之间、人与数字化资源之间的有意义的互动和远程协作，因而和分布式认知理论非常契合。

分布式认知不仅与学习主体有关，还涉及其他认知个体、认知对象、认知工具以及认知情境，认为要通过个体与其他个体、人工制品所组成的功能系统的层次来解释认知现象。该理论强调个体、技术工具相互之间为了进行某个活动而发生的交互。

分布式认知理论对移动学习的指导作用主要体现在以下三个方面：一是在移动学习中个体认知过程不仅涉及认知个体与其他个体之间的交互作用，还涉及认知个体与移动设备之间的交互作用。移动设备的使用拓展了人的智能，提供了认知工具和认知资料，从而使学习更有效率。二是在移动学习的认知过程中，认知主体不仅与社会情境相互作用，而且还存在于社会情境中。三是认知活动已经不仅在学习者的大脑内进行，对设备、情境也有一定的依赖性。

第二节　基于移动学习的教学设计

一、基于移动学习的教学设计方法

斯坦顿和奥弗霍夫（Stanton & Ophoff）提出了一种通用的（广义的）移

动学习设计方法。[①] 该方法是一个抽象框架，只定义了移动学习设计的阶段过程，没有对移动学习提出规定的内容与结构。该框架强调了基于移动学习的教学设计应该关注的几个方面。

（一）目标

确定目标是基于移动学习的教学设计的第一步。在此阶段要确定“为什么”要开发这个课程以及想要得到“什么样”的结果，目标的提出应考虑教学法和情境因素的影响。目标制定由大到小，最先确定机构和组织目标，然后细化到针对学习者的学习目标。目标的表述要可量化，以便以后以此评估课程是否成功。目标是设计的关键，它会影响设计的其他方面，牵一发而动全身。如果目标发生改变，就需要重新考虑其他设计要素。

（二）教学法

教学法与目标以及递送手段两个要素相连。教学设计者应该规划好如何通过视觉、听觉和交互手段来满足不同的学习风格。此外，设计者还应该关注通过提供课堂以外的知识挖掘学习者的潜能，提高学习者的批判性思维和解决问题的能力，鼓励学习者对自己的学习负责。在这个环节中，确定课程的目标属于哪种类型的学习，需要设计什么样的学习策略，需要什么样的学习方法都是非常必要的。

（三）情境

情境是基于移动学习的教学设计需要考虑的一个较大的领域，并且学习情境的选择需依赖于学习类型，这对于教学设计是否有效非常重要。情境同样也与目标以及递送手段密切相关。学习情境涉及的内容可分为三类：

（1）个人情况，比如学习者和动机以及先前的知识。

（2）学习者使用课程的境遇和场景，比如何时、何地、在什么社会情境下使用课程。

（3）学习环境，比如所提供的学习设备、内容、安排等。

对于以上三类信息，教学设计者应根据学习的基本情况估计这些情境因素对教学设计的影响，特别是在计划教学目标，确定课程传递手段两个方面。在情境方面要做出一些设计方面的权衡，无论将学习内容打包在应用程序内安装

① Genevieve Stanton, Jacques Ophoff. Towards a Method for Mobile Learning Design [J]. *Issues in Informing Science and Information Technology*, 2013 (10).

到移动设备上，还是联网随时获取学习资源，两者都各有利弊。在设计时还需预先估计学习环境和设备功能对移动学习可用性的影响。

（四）内容

内容是指要教的是什么，学习者要学什么。关于内容的设计不仅包括要递送的材料，还要确保达成教学目标所有必要信息都可从移动学习平台上访问。因此，内容直接和教学资源的结构以及递送手段相关。

（五）递送手段

递送手段回答了如何让学习者获得信息的问题。如前所述，目标、教学法和情境都是影响信息传递的因素。在递送手段方面还涉及如何充分利用移动传播媒体本身的特点，包括多媒体的选择，声音、图像、视频和文本的配合，以及确保学习内容的可获取等。移动学习平台的技术特征和可用性也和递送手段相关，这部分还受使用情境的约束和限制。

（六）结构

斯坦顿和奥弗霍夫理解的结构和人们通常对结构的认知略有差别。他们主要是从事件流的角度看教学资源的结构，是指在合适的情境和教学法的指导下，什么时间传递能够符合目标需要的内容。它是设计规划的最后一个阶段，例如，课程的安排，结合前面的所有要素，确保将这些要素以某种方式组合在一起，能够指导学习者在移动学习环境中灵活、自主地学习。

（七）移动学习课程的实施与评估

移动学习课程的实施与评估独立于移动学习课程资源设计之外。要注意的是，在实践中实施环节在规划设计之外，应该被细化执行。评估阶段也受该模型中其他各环节的影响，反之也用于评估移动学习设计的各个环节是否有效。评估应该与目标直接关联，而且通过可测量的结果来评估目标的实现情况。

该方法的价值在于用结构化的方式汇集了各种相关主题，引导设计者综合考虑移动学习课程设计和开发的各方面影响因素。而且，这个框架具有较好的灵活性和兼容性，有利于移动课程的规划与创建，可以确保移动学习的各方面目标（如技术、情境、可用性和教学法）得以实现。设计者通过以上步骤能够把握全局，避免只关注于一个方面的错误，如关注了个性化却忽视了教学法对设计的影响。

二、基于移动学习的教学设计原则

（一）在真实情境中使用移动学习

移动学习发生在真实情境中。学习者参与的问题、挑战、调查和探究都是发生在真实情境中的，具有个性化特征和现实相关性，可以让学习者获得更加深入的理解。学习的情境可能是在商业环境中、教育环境中或者纯粹的日常生活中，往往会涉及协作、反思和表达活动。

（二）在移动的情境中使用移动学习

移动电话、智能手机、PDA 这些移动技术均支持学习者在移动中学习。移动学习非常适合学习者在跨主题、时间和空间的不同情境中学习。例如，通勤人士在上下班的路上或是旅途中可以通过移动学习在一天不同的时间里完成不同的学习任务。

（三）为移动技术应用探索提供适应的时间

大学生在使用手机和平板电脑方面几乎不存在任何困难，他们是数字化时代的原住民。他们以各种不同的方式探索移动技术特点，以及这些技术设备在教育中的用途。在探索如何进行移动学习方面，学习者可以采用分享知识、同伴辅导以及参与真实情境中的任务这些已经被证明的有效方式。

（四）混合使用移动和非移动技术

有些学习任务需要综合使用移动与非移动设备，以产生更好的效果。比如，教师使用桌面端工具开发和制作电子课本并发送到电子书包（移动端）中供学生使用就是移动和桌面相互整合的一个典型的例子。移动设备具备的展现媒体材料和在线同步信息的功能弥补了其自身的不足，增强了它们的能力。

（五）自发地使用移动学习

移动学习具有很强的自发的、非预期的和随机的特征。教师需要培训和引导学习者自发地使用移动学习方式，比如用手机记录和分享学习内容，为个人或者社区提供宝贵的知识。

（六）在非传统场合使用移动学习

移动学习可以在人们需要的任何地方发生。正式学习发生在教室和报告厅等正式的教育场所，而等公交车、与同事共进午餐或者工作的时间和场合发生的多是非正式的学习。移动设备以及无线网络的普及使得移动学习能够随时随地发生，因此原来由于技术条件不具备而学习难以发生的非传统场合是移动学习的主战场。

（七）独立学习和合作学习的方式均可

移动学习可以是个人单独进行，也可以是多人合作协同。教师既可以设计个别化的移动学习活动，也可以安排一组学员共同创建和共享移动学习活动，这是与他人合作的学习过程。

（八）探索移动学习的适用性和潜力

在一些情况下，可以通过多种移动学习技术达成活动目标，其中一种技术会比其他的技术更具优势。例如，数码相机可以拍摄出比手机分辨率更高的图像，但是手机的便携性更好，可以有更多的机会在各种场合中使用。一种技术不可能适用所有的情况，因此需要在实际应用中根据教学需要和约束条件的限制探索出局部最优的技术方案。

（九）使用学习者自己的移动设备

尽可能在移动学习中使用学习者自己的设备，以确保他们熟悉和使用过设备的相关功能。若是让学习者使用其他新设备，不仅需要一个尝试和学习的过程，还要进行一些个性化设置。

（十）将移动学习作为知识建构的工具

记录、展示、分享或者反思知识建构或者多人协同建构的活动在教学中是很常见的。移动技术为这类知识建构的过程提供了更多的机会。将移动技术与网络技术结合使用，可以激发学习者的动机，并提供促进知识建构的相关资源，这些资源是可复用的、可持续的、还可以扩展以供大规模的用户使用，如在微信群中分享的学习内容。

（十一）移动学习不仅要消费知识更要产生新知识

从内容生产和使用的角度来看，现有的移动学习实践主要是通过电子图书、视频内容、移动网站等形式对学习内容的消费。然而，在教学策略上，教师应更多地采用建构主义的教学方法，通过对内容积极建构和合作建构促进学习者的学习。常见的形式是通过移动设备创作新的学习内容和随后将制作好的内容分享并进一步讨论和反思，微博、微信这些应用都可以帮助学习者促进知识的创造和共享。

第三节　依托微信平台的英语教学创新

一、微信的特点

微信是依托互联网信息技术，以即时通信为核心，具有社交、自媒体、大众传播媒介、开放式商业平台等众多功能的新兴媒介形态，其本质是为移动智能终端提供及时服务的应用程序。它除了具有传统聊天应用软件收、发信息的功能点之外，更具有信息发布便捷、传播速度快、互动性强、成本低廉的优点。经过多年的市场检验，微信不仅准确把握了用户诉求和使用心理，给予用户良好的通信服务体验，同时也很好地诠释了移动互联网时代的生活方式。

微信的主要特点如下：

（1）零资费。微信本身是完全免费的，使用任何功能都不会被收取费用，使用过程中产生的上网流量费由网络运营商收取。微信有着精心设计过的通信协议，在后台运行时仅消耗极少流量，这是经济不能独立的学生愿意使用微信的基本原因。

（2）沟通方式特别。微信支持文字、语音、图片、视频等各种格式信息的发送，这与传统的短信相比无疑增添了许多娱乐性，这些特殊的信息方式让学生之间的沟通变得更加丰富有趣，学生可以通过图片来展示自我，这个特点迎合了当下“有图有真相”的社交所倡导的“以图说话”的理念。此外，微信可以发送语音与视频消息，这使得学生更方便快捷地跟朋友联系沟通，也使英语教师能运用更丰富的聊天形式与学生沟通交流。

（3）支持群聊。微信支持多人群聊，只要通过点击某一个人或者某几个人，马上就可以组建一个微信群，每个加入群的人都可以发送各自的消息，目前已经有诸多的互联网企业开始通过微信群聊开会、布置任务。

（4）公众平台账号。通过这一平台，个人和企业都可以打造一个微信的公众号，并实现和特定群体的文字、图片、语音的全方位沟通与互动。这一功能受到了有创意、想创业的学生的追捧，有学生通过此功能开发出微信 24 小时失物招领平台，也有学生通过此功能开创自己的广告传播平台等。

二、微信在英语教学中应用的优势

（一）真正做到以学生为中心

将微信应用于英语教学中，充分体现了以学生为中心的教学理念。英语教师利用微信布置发布相关教学任务，包括课前预习、课中内容、课后作业。学生通过微信接收学习任务信息，按照教师要求提前做好预习及分配任务，如查阅和本次课文相关的内容，并按以小组为单位做好 PPT 及说明，而后进行课中展示。这样学生们通过小组自学、小组讨论等方式更好地主动掌握相关语言知识，真正地让学生通过自己主动思考获取知识，这样的学习所获得的知识必然记忆深刻，不易忘记。学生在课前预习的过程中遇到问题可以及时在微信群中发问，英语教师或同学及时解答疑惑，缩短困惑时长，使学生恍然大悟后能更快地接收信息和知识点，这也就提高了学生运用英语的能力。

（二）拉近教师与学生的心理距离

从心理成长的角度分析，在学生的成长过程中，他们由于身体各方面的变化和自我意识的增强，将会遇到很多自认为难以启齿的问题。同时，在传统英语教学中，讲授和传递知识是英语教师的主要工作，其通常只关注学生的学习情况，而忽视学生的身心发展问题，久而久之，师生之间就出现了沟通鸿沟。将微信应用于高校英语教学中，学生和教师可以采用匿名方式进行沟通，不少学生就会主动向教师讲述自己的问题，教师再采取相应的方式对学生加以正确引导。除此之外，学生可以就课堂上不敢提出来的一些想法和教师进行沟通，这样就不必在乎周围同学的眼光。将微信引入英语教学中，英语教师和学生就会从传统教育中的师生关系变成既是师生又是朋友的关系，这缩短了师生之间的心理距离，有利于学生身心的全面发展。

（三）发展学生的认知策略

在传统英语教学中，教师主要通过会话、面部表情、身体语言等向学生传递信息，而学生则通过听觉、视觉和情感获取信息。微信在英语教学中的应用，使得教师可以通过表情、声音、图像和视频来满足学生在认知中的直观性，虽然是虚拟空间，但学生仍旧可以感受到虚拟现实般的教学情景，基于这种情景，学生可以自主学习，也可以和小组或者团队协作学习、探究学习，这为学生认知策略的发展起到了促进作用。

（四）实现匿名交流与实名交流相结合

匿名与实名相结合的沟通方式就是指拥有微信号的师生、熟悉的好友或者一些陌生人通过微信进行交互。在教师使用微信和学生交流时，学生可以选择让教师知道自己是谁，直接向教师请教疑惑；而有些学生性格比较内向，在课堂上从不发言，课后有问题也不愿意找教师或同学请教，相对于熟人，他们更倾向于向陌生人倾诉，这样就不必在乎别人的眼光，所以在这种情况下，学生和教师通过匿名交流效果更好。微信的匿名交互可以保护学生的个人隐私，而实名交互又有利于英语教师因材施教，根据平时对每个学生的了解来设计出适合学生的教学计划。

三、依托微信平台的英语听力教学

（一）微信在英语听力练习与测试活动中的应用

1. 能力要求

《大学英语课程教学要求》对大学生听力理解能力提出了相关要求。

一般要求：能听懂英语授课，能听懂日常英语谈话和一般性题材的讲座，能听懂语速较慢（每分钟 130~150 词）的英语广播和电视节目，能掌握其中心大意，抓住要点。能运用基本的听力技巧。

较高要求：能听懂英语谈话和讲座，能基本听懂题材熟悉、篇幅较长的英语广播和电视节目，语速为每分钟 150~180 词，能掌握其中心大意，抓住要点和相关细节。能基本听懂用英语讲授的专业课程。

更高要求：能基本听懂英语国家的广播电视节目，掌握其中心大意，抓住要点。能听懂英语国家人士正常语速的谈话。能听懂用英语讲授的专业课程和英语讲座。

2. 实施流程

在 Listening 部分，听力教学主要是通过听听力、做练习的形式进行。在传统课堂教学中，学生听力能力的训练与提升主要是通过多媒体播放听力音频、学生边听边练的形式展开。这个过程教师一般只能通过电脑播放听力，学生在课本或测试卷上答题，这使得教师很难了解学生的学习情况，学生到底听懂了没有，听懂了多少，只能通过点名提问的形式来进行抽查。通过对微信公众平台二次开发扩展的测试模块可以有效地支持课内外听力练习与测试。

（1）课内测试

受到课堂时间以及学生能力的限制，单纯在课堂内进行练习会极大地消耗课堂时间，所以这里采取了以测为主、以测促练的形式，测试的内容不仅包括课本 Listening 部分的内容，而且题目的形式全部是单选题。受学生打字速度限制，填空题更适合书面作答。

教师在课前登陆测试模块的管理平台，进行测试题目的录入、正确答案的录入以及测试时间的限定，并通过微信公众平台将测试的关键字发送给学生。

在课堂上由教师播放听力音频文件，学生通过向微信公众平台输入关键字获取测试的地址，边听边测，此处并没有将听力文件直接插入到测试页面中进行播放是出于对课堂秩序的考虑，如果每个学生分别在自己的手机上播放听力则整个课堂环境会非常嘈杂。学生佩戴耳机也可以解决此问题，但相对来说还是统一播放更加简单，易于实施。

测试结束后教师通过后台管理页面，查看学生测试的成绩并记录，作为平时成绩的一部分，并对测试内容进行逐一地讲解和分析。

（2）课外练习

相对课堂内有限的教学时间，学生可以利用的课外时间还是较为充裕的，利用微信进行听力练习切实做到了不受时间、空间的限制。相对来说，单纯利用手机做听力练习难以对结果进行及时评价及反馈，而笔记本电脑又无法像手机那样便于携带，使用的时间、地点还是受到了极大的限制，微信公众平台中的测试模块则弥补了这方面的缺陷。

在实施前对测试模块进行修改，使其可以直接播放听力文件，同时对听力文件进行压缩，帮助学生节省流量。然后，由教师登陆测试模块的管理平台，进行测试题目的录入、正确答案的录入，并通过公众平台将测试的关键字发送给学生，此处不进行测试时间的限制，学生可以反复练习，直到听懂为止。学生在收到测试的链接后利用闲暇时间进行听力练习，完成练习后的自动评分可以让学生了解自己对练习的掌握情况，教师也可以从管理平台上了解学生的课外学习进度及效果。

（二）微信在英文电影赏析活动中的应用

在英语教学过程中，教师通过视频网站的手机客户端将英文电影分享到朋友圈、微信群中，同时发送一些影片的时代背景、人物简介等微课形式的学习资料，并组织学生就影片的情节、背景、生字词等在微信群组中进行讨论。这样学生就可以利用充裕的课外时间在图书馆等有 Wifi 的地方细细体味整部影片，并对照字幕学习一些英语中的俚语、文化背景，纠正自己的发音等，同时完成相应的听写练习。

回到课堂上，英语教师只需要组织学生开展角色扮演的活动就可以完成这部分的教学，这样不仅节约了课堂时间，也让学生可以更加全面地了解相关背景知识，在完成练习时更加有的放矢。在这里没有将影片以微信公众平台的视频素材形式进行推送是受到视频文件大小的限制，在进行一些较短视频的分享时可以利用公众平台进行推送，自动回复功能生成的目录可以让学生更容易地查找所需资源。

四、依托微信平台的英语写作教学

（一）依托微信平台的英语写作教学具体过程

1. 写作前

（1）学生分组

根据学生的学习特征、学习习惯和原有写作水平，将学生分成若干个微信小组，每个微信小组控制在 20 人以内。这样使得每个微信组内成员都能最大限度地拥有相似的学习背景，以利于英语教师在现有的条件下最大限度地实施因材施教，最大限度地满足学生的个性化学习需求，同时也有利于他们进步成果的反馈。

（2）学生收集学习资料进行预习

英语教师可以在课前通过微信公众号向学生发布写作任务预告，也可以通过微信私聊向具体学生发出要求，让学生及时去收集相关学习资料进行预习。这就使得学生在上课前有一定的准备，有利于教师在课堂上挖掘学生原有的背景知识，对学生提出适合他们的学习任务。教师也可以在课前通过微信与学生交流，让学生自主选择感兴趣的话题，以激发在上课时学习的动机。

2. 写作过程中

（1）课堂

在英语教师将写作要求告知学生以后，学生根据教师的要求，着手写作。如果学生碰到个别问题，又不想与其他学生分享，则可以在教师所设定的微信解答时间内向教师提出。这样教师就可以非常准确地了解学生所遇到的困难，并就一些普遍性问题通过微信群给学生予以解答。

（2）课外

由于微信自身的这些特点，英语教师可以通过语音、文字或图片等方式方便快捷、随时随地向学生提出写作要求。学生完成任务后也可以及时通过微信以文字或图片的形式将作业上传给教师，教师再根据学生的作业情况及时进行批改与反馈。

3. 写作完成后

在写作完成后，学生可以通过微信将作文提交给教师。教师收到后，可以分别进行批改，批改的结果通过语音或文字形式返回给具体学生。学生收到教师的修改意见后，及时对原作文进行修改，再交给教师。这样，整个写作的过程都在教师的监管之下，同时教师又能向学生进行及时有效的反馈，师生双方摆脱了笔纸的限制。这充分体现了以教师为主导、学生为主体的教学理念，有利于激发学生写作中的创新性思维，在某种程度上已经颠覆了传统的英语写作教学。

（二）微信在英语写作教学中的具体应用策略

1. 建立微信公众号

首先，教师开通微信公众号，学生予以关注，以便能够实时接收教师通过微信公众号推送的各种英文写作素材。英语教学微信公众号平台推送的信息没有时空限制，学生随时可以查阅。通过微信公众号，教师可以在课前以文本、音频或视频的方式推送导入材料，让学生基本了解课堂内容，有时间课前自主学习。课堂上，教师则只需强化英语习作操练及技巧培训。课后，教师要及时有效地展示学生课堂活动成果，以及发送与课堂教学相关的扩展学习资料，实现数字化全面辅导教学，弥补纸质教材的不足，让学生丰富课后积累。其次，通过微信公众号的留言功能，进行师生、生生之间的互动。学生给教师留言，提出自己写作中的困难，由教师进行归纳解答，同时，学生之间也可以互相交流写作心得。

2. 建立微信讨论小组

首先，课堂教学的时间是有限的，教师不可能对学生存在的问题进行一次性解决，通过建立微信讨论小组，学生可以在组内就课堂学习主题进行充分讨论，实现师生交流和学生间的自主交流，有利于提高学生的思维能力和问题解决能力。其次，建立微信讨论小组也有利于教师对程度不同的学生发布针对性的写作任务。教师把英语写作能力不同的学生分布在不同的讨论小组，根据该小组学生普遍存在的写作问题，可统一加以解决；小组中的学生也可以在讨论组中进行知识共享，分享彼此的写作经验和写作技巧。通过微信交流，学生可以进行自我总结、自我分析、经验借鉴及方法总结，教师也可从学生的课后反馈中实时调整教学设计，进一步优化课堂教学。

3. 充分利用微信投票功能

在英语写作课后，教师可设计一些测试题来考查学生实际的学习情况。首先，利用投票功能将测试题生成二维码，然后组织学生扫码答题，这不仅可以使教师及时获得学生课堂学习的反馈，为教师的课堂教学评估提供数据支撑，也能帮助教师根据学生的反馈调整教学方法，从而提高教学水平，促进学生英语写作能力的提升。

4. 利用微信的公众平台开发模式

教师建立自己的微信公众平台不仅可以开展移动互动教学，还可以拥有完全独立的后台管理界面。微信平台能够通过打卡记录学生的学习时间，从而实现对学生自主学习的监督。基于微信的英语写作教学平台具有开放性和自主性的特点，为了保证学生能够自觉利用微信进行学习，教师可通过微信后台的打卡记录查看学生的学习状况，并通过公众号对学生进行公布，长此以往，可以帮助学生养成自主学习的观念和习惯。

第四节　依托 QQ 平台的英语教学创新

一、QQ 的特点

QQ 是 1999 年 2 月由腾讯公司自主开发的基于互联网的即时通信工具。QQ 一经诞生就以其合理的设计、良好的应用、强大的功能，以及稳定、高效的系统运行，赢得了广大用户的青睐。

作为一款即时通信软件，QQ 的特点主要包括：

（1）成本低廉、操作简单、使用面广，不论是教师还是学生，都能在较短的时间内掌握软件的使用方法。同时对硬件的要求低，一般电脑、手机都能支持。

（2）支持 PC 端、移动终端等平台内及多平台、跨平台运用，用户可以使用计算机登录软件，同样也可以使用手机登录，尤其是随着智能手机的普及，其功能更加强大，获取信息更加及时、便捷。

（3）交流形式丰富多样，支持的信息格式有文字、图片、声音、视频等，支持的功能有好友搜索、信息即时收发、语音视频交谈、公共聊天室、网络会议、文件传递与共享等。

（4）同步交流与异步交流并存，通过 QQ 可以与在线用户即时传递信息，进行交流讨论，对于不在线的用户，可以给对方留言或发送异步消息，而且传递信息的时间和内容等都有存档，方便日后查询。

（5）具有群聊功能。腾讯公司推出的这款用于多人即时沟通交流的服务，通过创建 QQ 群即可实现。QQ 群创建以后，群主或群成员之间可以在同一个群内开展各种互动交流活动，交流方式可以是图片发送、音乐共享、群邮件、群公告、群论坛、群空间以及群相册等，也可以是群成员之间的桌面共享、文件传输、音频对话，群内有共同兴趣或爱好的组员之间另外设置讨论组进行沟通等。

二、依托 QQ 群的英语口语教学

（一）利用 QQ 群开展英语口语教学的优势

1. QQ 群能提供真实的语言环境和即时交流环境

英语口语教学要提高学生的口语水平和表达能力，需要大量的语言输入和输出实践。传统口语课堂受时空局限，教师无法模拟真实的交际环境，而在 QQ 班级群平台上，学生可使用文字、语音交流，阅读话题信息，学生接触和使用的均为英语，交流时均为真实的英语环境。学生在使用 QQ 的过程中，接触到高密度、大容量的语言信息，英语语感和反应力大幅提升。

2. QQ 群的个性化教学能提升学生的学习兴趣和热情

QQ 群教学实际上是一种个性化的教学，学生在教师的指导下结合自己的英语水平开展更有针对性的练习。QQ 群里的交流，较传统模式的课堂气氛更为活跃，能弥补大班口语授课课时不足、无法面面俱到的缺陷。在英语口语教学中，借助 QQ 群的语音功能，学生向授课教师传送自己的语音内容，教师进行一对一指导。QQ 群这种非面对面的交流方式，能帮助性格内向的学生克服开口说英语的困难，使其有信心参与话题讨论，提高英语学习的兴趣。

3. QQ 群碎片化学习能满足当今快节奏生活方式

碎片化学习即利用零碎的时间进行短平快的学习方式，它是一种信息时代基于互联网的学习模式。5G 时代的到来，为碎片化的学习方式提供了良好平台。传统的口语课堂，教师不能根据学生的个性差异照顾到每位学生。而 QQ 群平台上，学生利用 QQ 群聊语音功能，可在课堂之外向教师提问，提交课程作业。依据最小代价律和媒体选择原理，手机端的 QQ 群平台将 PC、平板端的网络教学平台上已有的教学资源，以最快的速度无缝衔接到QQ群平台。移动端的属性决定了QQ群更适合利用碎片化的时间进行口语操练活动。学生利用碎片时间发送语音作业，进行互动交流。密集的口语表达一定程度上延长了学生的学时，达到了更好的学习效果。

（二）基于QQ群的英语口语教学媒体传播

基于QQ群平台的英语口语教学媒体传播分两个阶段。第一阶段为教师讲授阶段。教师预先通过QQ群将教学资源分享到群文件。授课中，教师通过群课堂功能讲解口语操练的技巧，如何培养英语口语思维，练习时需要注意的问题等，学生通过连麦上台提出疑问或进行发言，或者通过群聊编辑信息提出问题，教师予以一一反馈。第二阶段为学生自行口语操练阶段。教师在QQ群中扮演监督者的角色，先对学生进行分组，以小组为单位轮流在QQ群内发送口语练习话题，一周作为一个周期。对班级人数较多的情况，可建立两到三个QQ分群作为口语操练的平台，每个群组控制在50人以内，以保证口语练习的效果。学生每天抽出一定的时间，通常情况下一到两个小时，在QQ群就自己感兴趣的话题以QQ语音的形式在群内发表看法，群内其他同学获取语音消息后在任何时间都可以对观点进行评述，以此来构建真实、纯粹的英语交际环境，达到口语交流的目的。两个阶段中，QQ群平台作为教学传播的媒体扮演了重要的角色。

整个QQ班级群的用户之间形成了一个典型的网状结构，群与群之间会因多重角色的群成员而建立关联并实现信息资源互通有无。班级群中成员按照不同的身份特征，可划分为群主、管理员及普通成员等角色。群主与管理员的职责是维护群成员之间的互动秩序，起到监督成员操练口语的作用。群内各个成员都参与其中，轮流值班搜集口语练习的话题。群内可能存在一些潜水的学生，纯粹是信息的接受者，不主动参与交流互动，这时需要由监督者通过一定的方式给予相应的处罚，以激励这些潜水者参与口语互动练习。

从QQ群平台的英语口语教学传播构成来看，每个传播节点之间的地位互相平等，而且每个节点通过彼此互动建立链接关系。各个传播节点会因其自身的多重身份和多重属性形成数个“小圈子”，“小圈子”之间汇聚成为一个更大的平台交流群。QQ群成员的身份会因环境的变化而不断发生改变，因此班级群中成员之间的关系是处在互动变化中的。这一英语口语教学传播模型不同于其他网络学习共同体具有很强的控制中心，它的构建完全是建立在群内班级成员平等的基础上。

基于信息技术的教育环境，QQ群能提供优良的自主互动学习环境。教学传播过程中，教师作为教学信息的发布者上传相关话题信息或学习资料，而学生可接收 QQ 群中的链接并阅读里面的信息，教师充当教育传播者，学生充当教学信息接收者，其中的学习资源具有原发性、隐性知识的显性特点，通过建立链接整合与学习内容有关的资源。假如有学生提出问题，教师予以反馈，这时角色会发生相应的改变。在学生操练口语的阶段，每天值日的学生负责发布话题，其余学生作为接受者。口语操练过程中学生根据自己的兴趣选择话题，充分体现出学生个体差异性。但有时信息发布者找到的话题专业性太强，会导致一些学生对此了解太少而不能深入分析，需要信息发布者付出时间和精力多渠道整理、筛选。

基于 QQ 群平台的口语教学能够取得良好的效果，原因在于群内的教育信息非常丰富，能多角度地满足受教育者的需求。QQ 群里除了使用文本、图片，还可以使用多媒体，如视频、音频、动画，多模态的方式呈现信息，使信息更具生动性。教学信息一旦上传到群文件中可即时下载且不易丢失。QQ 群内班级成员固定，通过频繁的互动、更多的交流与思考，扩大传播的效果，进而创造良好的口语练习环境，培养英语思维。教育信息的传播过程中，传播传输不受信息守门人和二级传播噪音的影响，此外教学信息多数是以文本形式出现，它减少了由语音可能造成的误差，而文本语言可能导致的歧义，可通过学生之间的循环互动降噪。

由 QQ 群里每天的一组话题衍生出的信息交互共同体，互联网能让它们不断地传播。众多的口语训练者融入自己对话题内容的理解，在此学习共同体之上，构成包含众多互动性更强的知识共同体。

三、QQ 直播在英语教学中的应用

在教育体制改革的驱动下，英语教学形式发展迅速，以网络为基础的多元化教学手段在英语教学中大力运用，摒弃了传统课堂教学模式孤立、沉闷、闭塞等弊端。以网络为载体的网络直播教学方式逐渐渗透英语教学中，其优势是激发学生学习兴趣、优化英语学习效果，在原有课堂教学模式上有所突破。网络直播英语教学以互联网为载体，学生以观看实时视频的方式在直播平台与教师完成交互学习，学生可对当前出现的问题进行实时提问，并与教师进行沟通交流。在英语教学课堂使用网络直播是教学手段的创新，可以将学生带入一种沉浸式学习氛围，根据学生英语水平选择不同层次的教学内容，有助于培养精英式英语人才。以下即重点分析 QQ 直播在英语教学中的应用效果，从而为丰富英语教学方式提供借鉴。

（一）形成交互式英语教学模式

一门语言的学习需要交互沟通，QQ 直播应用于英语教学有助于构建交互式的教学氛围，营造平等的课堂环境，学生以交流的形式获取不同层次、不同方向、不同领域的英语知识信息，对构建系统性、全面性、交叉性的英语知识结构具有积极作用，是高效完成教学目标的基本保障。QQ 直播形成的交互式英语教学模式是现代信息技术在教育中的创新应用，打破了线上、线下师生交流界限，为羞于直接提出问题的学生提供了轻松的学习平台，利于学生放下心理芥蒂，打消课堂提问顾虑。QQ 直播交互式英语教学也是学习资源整合与输出的过程，信息时代互联网存在海量英语教学资源，但是如何掌握有价值、高价值的学习资源则需要进行信息整合与再分配。QQ 直播营造的英语交互式教学很好地实现了这一目标，减少了学生在网络中获取有效学习资源的时间消耗。

基于 QQ 直播的英语教学课堂是新媒体教学手段应用的结果，以网络社交的方式间接提升学生英语口语交际能力。QQ 直播具体的教学应用模式如下：学生可通过直播间、建立房间的形式和英语教师进行互动交流。QQ 直播实现方式简单，所有学习个体具备轮流直播的资格，教师浏览学生直播间的内容即可获取学生学习情况，教师的客观评价有助于学生学习效果的优化。QQ 直播优化了英语教学的交互性，彻底改变了传统英语教学中教师为主体的教学局面，主张构建以学生为中心的课堂教学互动状态，引导学生以沟通交流的方式学习英语，通过合作探究加深知识理解。基于项目驱动导向升华语言交流技能，对于改善学生英语口语薄弱困境、活跃学生思维具有重要价值。

（二）打破沉闷的课堂气氛

基于 QQ 直播的英语教学模式是对真实课堂场景的模拟，凸显了体验式教学的价值。体验式教学不局限于得到知识内容，严格意义上而言是以经验转换为载体实现知识创造。QQ 直播采用高科技、互动性的现代课堂代替传统古板的英语课堂，在互动直播教学中，学生可以实时反馈教学疑问，和同学之间进行口语对话练习。QQ 直播在英语教学中的应用是对网络视频点播教学模式的优化，在线直播的模式可实时得到对方的反馈，并且在学生熟悉且感兴趣的网络中展开学习，有效调动了学生的学习兴趣，自然形成强烈的学习氛围。QQ 直播平台，便于双方信息的获取与更新。基于 QQ 直播的英语教学模式是超越传统教学模式的成功改革案例，将传统教学媒介搬到虚拟空间，确保教学过程在公开的环境下进行。此外，线下课堂的英语教师需要为学生学习服务，综合使用多媒体教学手段做好充分的课前准备，以便为学生解答授课中存在的问题；教师要具备将抽象英语概念转化为具象思维的能力，对QQ直播不足之处加以补充；教师要组织学生划分学习小组，以合作、交流的形式沟通学习成果，分享学习经验。

（三）丰富英语教学资源的获取途径

基于语言环境的匮乏、教学资源的不足，英语教学面临困境。英语作为高校必修语言学科，需要获取符合时代特征与核心价值的教学资源，因此必须对教学方式进行多元化。QQ直播在丰富英语教学资源获取途径方面功效卓著。首先，QQ直播丰富了英语教学资源获取途径，直播教学的教师大部分为行业内的突出者，或是具有丰富的教学经验，或是具有先进的教学理念。长期以QQ直播的形式学习大学英语有助于丰富、获取高价值度的教学资源，呈现了多渠道、多形式汲取英语知识的高效途径。其次，QQ直播实现了英语教学资源整合与再分配，信息闭塞地区的学生只要通过网络连接即可获取海量有价值的英语学习资源。存储在QQ直播教学平台中的资源一般不会丢失，实现了长期有效知识存储。此外，基于QQ直播的英语教学环境相对自由开放，学生可自由使用移动终端查询英语信息。QQ直播中教师的讲课存在清晰的侧重点，学生可利用移动终端快速搜索相关资料，凸显QQ直播教学的针对性的同时，学生据此明确了英语教学资源搜索方向。

（四）改善教师教研水平

学生与教师均为QQ直播教学的受益者：对学生而言，QQ直播能改善学习效果；对于教师而言，有助于优化知识储备、更新教育观念、学习名师教学方法等。教师合理利用QQ直播平台的途径有：（1）可学习QQ直播教学方法，解决学生与教师不能同时空学习的问题，教师通过QQ直播平台与学生进行交流互动，发布教学计划等信息，帮助学生自主学习。（2）教师可以QQ直播平台为载体实现教师教研互动，将QQ直播平台作为学术沟通工具，拓展了直播平台新功能。由于诸多因素限制，教师间难以寻找共同时间进行教研分析，QQ直播打破了交流沟通的时空限制，很好地解决了教师面对面沟通困难的问题。（3）QQ直播便于不同区域教师的学术交流。教师以QQ直播为载体分享有价值的教学设计、教学方案、教学理念等，在家中以互联网为中介即可获取全国优秀教师先进的教学经验，真正扩大了教研活动范围，是教育领域教师教研、学术沟通途径的优化与进步。

参考文献

[1] 蔡基刚. 应用语言学视角下的中国大学英语教学研究 [M]. 上海：复旦大学出版社，2012.

[2] 陈丽萍. 基于任务型教学法的英语教学研究与改革 [M]. 北京：中国原子能出版社，2018.

[3] 陈莉. 英语教学与互联网技术 [M]. 北京：光明日报出版社，2017.

[4] 陈艳，负楠，张倩倩. 现代英语教学方法研究 [M]. 广州：广东世界图书出版有限公司，2019.

[5] 程亚品. “互联网+” 时代下信息技术与英语教学的深度融合 [M]. 天津：天津科学技术出版社，2019.

[6] 崇斌，田忠山. 新时期大学英语教学研究 [M]. 成都：电子科技大学出版社，2017.

[7] 崔璨. 系统功能语言学视角下高校英语教学研究 [J]. 吉林农业科技学院学报，2017，26（1）.

[8] 邓红英，聂俊俊，李兰杰. 英语教学研究 [M]. 北京：经济日报出版社，2017.

[9] 范楠楠. 大学英语教学方法与策略 [M]. 北京：现代出版社，2020.

[10] 冯华，李翠，罗果. 英语语言学与教学方法研究 [M]. 长春：吉林人民出版社，2019.

[11] 高立. 慕课时代高校英语教学的机遇与挑战 [J]. 文教资料，2020（28）.

[12] 郭晓娟. 大学英语生态化教学研究 [M]. 合肥：合肥工业大学出版社，2020.

[13] 郭燕华，艾佳，李婕. 任务型教学设计在英语教学中的应用 [J]. 卷宗，2020，10（28）.

[14] 韩俊秀，吴英华，贾世娇. 任务型学习法与高校英语教学 [M]. 广州：

广东旅游出版社，2019.
[15] 何冰，汪涛. 翻转课堂与英语教学 [M]. 长春：吉林人民出版社，2019.
[16] 侯亮. 英语教学与跨文化交际 [J]. 考试周刊，2016 (34).
[17] 扈玉婷. 大学英语生态化写作教学研究 [M]. 北京：北京理工大学出版社，2019.
[18] 籍国莉，贾竑. 大学英语教学生态化的认识和探索 [J]. 岳阳职业技术学院学报，2016，31 (1).
[19] 李辉. 生态化英语语言教学模式论 [M]. 上海：上海交通大学出版社，2017.
[20] 李青. 移动学习设计 [M]. 北京：中央广播电视大学出版社，2015.
[21] 李婷婷. 慕课时代高校英语教学新思考 [J]. 普洱学院学报，2020 (4).
[22] 李葳. 英语教学中应用语言学的有效应用 [J]. 英语广场，2020 (6).
[23] 李晓玲. 大学英语教学方法研究 [M]. 西安：陕西科学技术出版社，2020.
[24] 李媛媛. 新时期大学英语教学研究 [M]. 北京：中国大地出版社，2019.
[25] 林明东. 生态化大学英语教学模式研究 [M]. 长春：东北师范大学出版社，2016.
[26] 刘涵. 英语人才跨文化交际能力研究 [M]. 北京：知识产权出版社，2019.
[27] 刘珊. 英语教学中学生跨文化交际能力的培养策略 [J]. 魅力中国，2020 (27).
[28] 刘颖. 微课在大学英语教学中的应用 [J]. 教育信息化论坛，2021 (3).
[29] 刘拥华. 基于“互联网+”探索英语教学的改革与创新 [J]. 文化创新比较研究，2018 (21).
[30] 栾岚. 移动学习理论及其在大学英语教学中的应用研究 [M]. 哈尔滨：哈尔滨工程大学出版社，2017.
[31] 骆园. 基于教育生态化理论对大学英语教学现状的反思与优化 [J]. 中国多媒体与网络教学学报 (上旬刊)，2019 (6).
[32] 马慧莲. 试论慕课大学英语教学设计的基本原则和思路 [J]. 科技风，2020 (24).
[33] 马旭光. 新媒体环境下高校英语教学的改革与创新分析 [J]. 魅力中国，2021 (2).

[34] 门悦，郭旭东. 应用语言学与大学英语教学改革［J］. 校园英语，2020（16）.

[35] 庞博. 移动学习应用于大学英语教学中的对策探析［J］. 中国高新区，2019（13）.

[36] 齐思文. 浅谈认知语言学理论对英语教学产生的影响［J］. 海外英语，2020（3）.

[37] 任彦卿. 基于移动学习系统的大学英语教学研究［M］. 长春：吉林人民出版社，2019.

[38] 任燕，张怡. 当代高校英语教学方法与研究［M］. 哈尔滨：哈尔滨工业大学出版社，2019.

[39] 宋丹丹. 系统功能语言学理论对英语教学的启示［J］. 校园英语，2017（46）.

[40] 宋建勇. 高校英语任务型教学与评价研究［M］. 西安：西安交通大学出版社，2017.

[41] 孙常丽，王红香，刘纯. 大学英语多元互动教学模式研究［M］. 北京：世界图书出版公司，2017.

[42] 唐俊红. 互联网+英语教学［M］. 北京：新华出版社，2018.

[43] 陶冶情. 基于"慕课"的高校英语教学改革探讨［J］. 考试与评价（大学英语教研版），2019（1）.

[44] 王翠英. 新时期大学英语教学创新研究［M］. 青岛：中国海洋大学出版社，2018.

[45] 王国华. 英语思维与跨文化交际能力研究［M］. 北京：北京日报出版社，2019.

[46] 王继红，邹玉梅，李桂莲. 基于翻转课堂理论的英语教学改革与实践［M］. 北京：中国原子能出版社，2019.

[47] 王李岩. 基于任务型教学的英语教学创新案例分析［J］. 校园英语，2020（24）.

[48] 王立康. 移动学习在大学英语教学中的应用研究［J］. 英语广场，2020（24）.

[49] 王明洋. 任务型大学英语教学设计的误区［J］. 校园英语，2020（15）.

[50] 王思微. 浅析生态化教学模式在英语教学中的应用［J］. 海外英语，2019（21）.

[51] 吴斌. 教育生态视域下大学英语教学生态化研究［M］. 北京：外文出版社，2017.
[52] 吴刚. 认知语言学视角下的语法教学［J］. 知识经济，2019（12）.
[53] 吴浪. 高校英语互动式教学模式研究［M］. 天津：天津科学技术出版社，2018.
[54] 吴晓红，陈明惠，李瑞. 英语课堂教学方法改革与模式创新研究［M］. 上海：上海交通大学出版社，2019.
[55] 徐博. 试论高校英语教学中微课的应用［J］. 魅力中国，2019（43）.
[56] 徐道平，王凤娇，赵卫红. 互联网时代下高校英语教学研究［M］. 长春：吉林人民出版社，2019.
[57] 许佳. 互动式教学模式在高校英语教学中的应用［J］. 东西南北，2020（5）.
[58] 许文文. 认知语言学与英语教学设计［J］. 海外英语，2019（7）.
[59] 阎耀斌，宋晗. 探析大学英语教学中应用语言学理论的应用［J］. 课程教育研究，2019（20）.
[60] 杨鸿雁. 培养跨文化交际能力的大学英语教学模式探析［J］. 魅力中国，2021（5）.
[61] 杨静. 现代语言学流派与英语教学探究［M］. 北京：中国商业出版社，2019.
[62] 杨倩倩. 互动式英语教学模式与学生语言交际能力的培养［J］. 现代交际，2018（1）.
[63] 杨艳. 英语教学创新研究［M］. 长春：吉林人民出版社，2019.
[64] 尹爱华. 基于跨文化交际能力的大学英语教学模式研究［J］. 海外英语，2020（13）.
[65] 张春艳. 终身学习时代背景下的英语移动学习［M］. 长春：东北师范大学出版社，2018.
[66] 张景. 微课与高校英语教学结合的相关探讨［J］. 科教导刊，2019（31）.
[67] 张旭环. 浅谈认知语言学在英语教学中的应用［J］. 校园英语，2020（3）.
[68] 张迎. 基于应用语言学的大学英语教学模式改革研究［J］. 小说月刊，2020（11）.

[69] 张云. 多元互动式教学模式与英语教学研究 [M]. 北京：北京工业大学出版社，2018.

[70] 张璋. 大学英语教学方法与研究 [M]. 哈尔滨：哈尔滨工业大学出版社，2020.

[71] 赵丹. 跨文化交际与高校英语教学的策略 [J]. 海外英语，2021（5）.

[72] 赵丹丹，赵海龙，罗宇新. “慕课” 在英语教学的应用效果分析 [J]. 现代职业教育，2018（28）.

[73] 朱殿勇，崔丹. 基于移动学习的大学英语教学改革探究 [J]. 佳木斯职业学院学报，2020，36（3）.

[74] 朱京，贾冠杰. 基于认知语言学的大学英语教学模式研究 [J]. 外语界，2018（3）.

[75] 朱彤勋. 大学英语教学中跨文化交际能力培养的研究 [J]. 现代英语，2020（4）.